Coleção
Astrologia
Contemporânea

A Astrologia, como linguagem simbólica que é, deve sempre ser recriada e adaptada aos fatos atuais que pretende refletir.
A coleção ASTROLOGIA CONTEMPORÂNEA pretende trazer, na medida do possível, os autores que mais têm se destacado na busca de uma leitura clara e atual dos mapas astrológicos.

Dados Internacionais de Catalogação na Publicação (CIP)
(Câmara Brasileira do Livro, SP, Brasil)

Schulman, Martin, 1941-
O carma do agora / Martin Schulman [tradução Denise Maria Bolanho]. - São Paulo: Ágora, 1988. (Astrologia contemporânea; Astrologia Cármica IV)

ISBN 978-85-7183-297-8
1. Astrologia 2. Carma I. Título. II. Série.

88-0211

CDD-133.5
-133.53
-133.58122

Índices para catálogo sistemático:

1. Astrologia 133.5
2. Astrologia cármica 133.58122
3. Planetas: Astrologia 133.53

Compre em lugar de fotocopiar.
Cada real que você dá por um livro recompensa seus autores
e os convida a produzir mais sobre o tema;
incentiva seus editores a encomendar, traduzir e publicar
outras obras sobre o assunto;
e paga aos livreiros por estocar e levar até você livros
para a sua informação e o seu entretenimento.
Cada real que você dá pela fotocópia não autorizada de um livro
financia o crime
e ajuda a matar a produção intelectual de seu país.

O CARMA DO AGORA

Astrologia cármica – IV

Martin Schulman

EDITORA
ÁGORA

Do original em língua inglesa
THE KARMA AND THE NOW
Karmic Astrology
Vol.4, by Samuel Weiser, Inc. York Beach, ME, USA
Copyright © 1979 by Martin Schulman
Direitos para língua portuguesa adquiridos por Summus Editorial

Direção da coleção: **Fauzi Arap**
Tradução: **Denise Maria Bolanho**
Desenho de capa: **Alden Cole**

Editora Ágora

Departamento editorial
Rua Itapicuru, 613 – 7º andar
05006-000 – São Paulo – SP
Fone: (11) 3872-3322
http://www.summus.com.br
e-mail: summus@summus.com.br

Atendimento ao consumidor
Summus Editorial
Fone: (11) 3865-9890

Vendas por atacado
Fone: (11) 3873-8638
e-mail: vendas@summus.com.br

Impresso no Brasil

...*A você, cuja insaciável sede por conhecimento e esclarecimento serve como uma fonte incessante de inspiração para todos nós.*

...*A você, que pode ler as leis da natureza entre as linhas da vida.*

...*À minha adorada princesinha Penny Sue, que é "O Agora".*

NOTA DO AUTOR

O "Agora" é um estado de consciência extremamente delicado; difícil de se alcançar e fácil de se perder. É a essência pura daquilo que a Astrologia tenta alcançar. Entretanto, em vez de descrever determinados fatores astrológicos em função de como eles se manifestam, este texto descreve os caminhos por onde um indivíduo pode se unificar com a harmonia natural de energias planetárias.

Embora todo livro seja uma comunicação simbólica através da linguagem, aqui o leitor é convidado a ver além das palavras, para o interior da sutil vibração que está sempre criando a experiência do "Agora".

Martin Schulman

ÍNDICE

Introdução 11

Capítulo 1
Na Realidade, o que é Carma? 13

Capítulo 2
O Carma do "Agora" 23

Capítulo 3
O Horóscopo e "o Agora" 35

Capítulo 4
Os Astros e "o Agora" 45

Capítulo 5
Os Planetas Interiores e "o Agora" 59

Capítulo 6
Os Planetas Exteriores e "o Agora" 75

Alegoria 95

Conclusão 99

INTRODUÇÃO

Nos volumes I, II e III desta série, muita atenção foi dada a determinadas partes do horóscopo (i.é, os nódulos, os retrógrados e a roda da fortuna). Neste livro, a estrutura de referência é diferente. Ela se concentra no indivíduo e em como ele pode usar suas energias planetárias em seu benefício.

Não há dúvida de que um indivíduo experimenta o Carma de outras vidas. Ele experimenta também, nesta vida, o Carma de suas atitudes passadas e é um criador de Carma todos os momentos. É nessas partes que se torna muito importante aprender o significado do momento, pois é desse conceito de vida que nasce "O Agora".

Um indivíduo pode passar toda sua vida procurando por aquilo que foi numa encarnação anterior. Ele pode ser suficientemente afortunado para descobrir, ou pode enganar a si mesmo com determinados pensamentos e, então, subconscientemente, criar as circunstâncias que provem para si mesmo que esses pensamentos são verdadeiros. Em ambos os casos, ele não está entrando em contato com o verdadeiro significado da vida, a menos que perceba que sua habilidade para se fixar no aqui e no agora a todo momento é onde se desenvolve sua maior capacidade de atuação. E é através desse desenvolvimento de sua capacidade de atuação que sua evolução se revela.

É extremamente fácil culpar o Carma de vida passada por nossos fracassos ou colocar nossa própria incapacidade de lidar com situações da vida do dia-a-dia em inadequabilidades do mapa. Mas isso nunca foi, nem deve se permitir que venha a ser um produto derivado de um raciocínio astrológico ou um dos efeitos da Astrologia como ciência profética. Se isso acontecer, a Astrologia está destinada ao fracasso, pois seu presente para a humanidade é ajudar o homem a ajudar a si mesmo, e não lhc dar desculpas por não conseguir.

O Carma existe. É muito real. Mas não está além da habilidade do homem para lidar com ele e superá-lo. É importante perceber que o passado e o futuro têm menos a ver com a habilidade do homem de atuar e com seu prazer da vida do que com o que ele faz com "O Agora". Naturalmente, o passado e o futuro têm uma forte influência sobre como um indivíduo entende o "Agora", mas — e aqui está o detalhe fascinante — eles não precisam ter! Não há dúvida de que é extremamente difícil ignorar o ontem e não pensar a respeito do amanhã. E, indo mais longe, ignorar o minuto passado e não se preocupar com o minuto seguinte. Entretanto, com trabalho e disciplina é possível fazê-lo.

Quando uma pessoa faz isso, não significa que o passado e o futuro não existam. Eles existem. Isso é uma realidade. Mas ela não se demora naquilo que já fez ou não conseguiu fazer, nem se preocupa com o que tem a fazer. Ela simplesmente faz, age, torna-se! Ela não tem tempo para analisar suas ações porque isso significa voltar novamente ao seu passado; não tem tempo para se sentir insegura, porque isso significa se preocupar com seu futuro. Pelo contrário, ela tem todo o tempo do mundo para viver sua realidade presente.

Ela estará vivendo seu Carma, mas não gastará anos lamentando seu destino ou tentando viver o Carma de outros em vez do seu. Ela pode aceitar fracassos e sucessos, pois eles são coisas passageiras que mudam sempre. Curiosamente, quando começa a viver dessa maneira, muitas das coisas que pensava serem Carma começam a desaparecer porque eram, na realidade, nada mais do que pensamentos que absorveu de outros e que pensava serem seus. Progressivamente, começa a perceber o que é seu Carma na realidade, porque não está procurando descobrir, nem está procurando juntar seu Carma com outros a ponto de nunca conhecê-lo.

Esse modo de viver torna um indivíduo inacreditavelmente produtivo e criativo.

O alcance desse resultado está além da imaginação; pois, o que acontece, na realidade, é que todas as áreas inúteis e dispersantes onde ele normalmente colocaria suas energias não mais o exaurem ou desviam da realidade do seu momento presente! Ele fica mais ativo, mais concentrado e mais consciente, não apenas de sua própria beleza interior, como de toda a beleza do mundo ao seu redor.

CAPÍTULO 1

NA REALIDADE, O QUE É CARMA?

Sempre que uma idéia se torna muito difundida na consciência do mundo, seu significado original muda. De fato, quanto mais uma idéia ganha aceitação, mais distante pode ficar de seu sentido, contexto e fonte original. Esse foi o caso do Carma que não é nem mesmo uma idéia, um conceito ou um pensamento, mas, sim, uma Lei Cósmica. Quanto mais pessoas no mundo aceitam o fato de que essa lei existe, há uma tendência maior para que a própria lei seja deturpada, uma vez que cada pessoa a interpreta através de seu próprio nível de compreensão.

Caso se perguntasse a mil pessoas o que é Carma, a tremenda série de respostas seria surpreendente. Mais surpreendente ainda seriam as complexidades associadas à verdadeira essência dessa Lei Universal.

A fim de compreender claramente o que é Carma, podemos traçar seu significado a partir de três fontes básicas e, então, sintetizá-las numa combinação mais significativa do que é, na realidade, a verdadeira essência da Lei do Carma.

Primeiro, temos as palavras de Gautama Buda, quando disse há muitos milhares de anos: "Você é aquilo que pensa, tendo se tornado naquilo que pensava." O que ele quis dizer com essa profunda afirmação?

O homem está sempre questionando o que é. Na verdade, de momento a momento, o que ele é, muda. E são essas numerosas mudanças que o fazem perguntar a si mesmo se realmente existe nele alguma coisa imutável. Se um homem "é o que ele pensa" e seus pensamentos mudam de momento a momento e dia-a-dia, então ele também muda! Se um homem pensa "Estou faminto", então é isso que ele é no momento em que pensou. Quando não mais pensa assim, ele não é mais um produto de tal pensamento. Se um homem pensa "Estou cansado", "Eu sou mau", "Eu sou pobre", então ele é todas essas coisas.

Isso acontece porque há uma tendência muito forte para que ele acredite que o que pensa é a verdade. Assim, tendo acreditado nos seus pensamentos a respeito de si mesmo, um indivíduo então se identifica com suas crenças e se torna, na realidade, tudo o que pensa. Se o mesmo tipo de pensamento é perpetuado por muitos anos, ele se torna ainda mais aceitável para a pessoa. Assim, tipos de pensamentos que se prolongam por um determinado caminho levarão uma pessoa a acreditar não apenas que está nesse caminho, mas que é o único caminho que pode ver.

Vamos usar novamente a analogia do apetite, pois existem muitos tipos de apetite que, literalmente, todos nós já experimentamos de uma ou de outra maneira. Consideremos dois indivíduos que estão prontos para comer um pedaço de bolo. O primeiro olha com fixidez para o bolo e intantaneamente tem pensamentos conflitantes: "Eu quero o bolo, mas sei que ele me fará engordar." Quando come o bolo, seu corpo assimilará o alimento com o mesmo nervosismo que provocou seu pensamento. Assim, uma tendência inconsciente a não querer admitir para si mesmo que comeu o bolo, juntamente com decepções psicológicas por tê-lo comido, ambos provenientes do pensamento original de que o bolo é prejudicial, cria uma situação na qual o contato entre o bolo e o corpo torna aquele em governante e este em governado.

Entretanto, o segundo indivíduo, tencionando comer o bolo, olha para ele como uma fonte de alegria. É o alimento de Deus oferecido ao homem para preencher suas necessidades por sustento, beleza e vitalidade. Cada migalha daquele bolo se harmonizará com cada célula em seu corpo nas mais belas proporções, porque o corpo e o bolo estão em harmonia. Esse segundo tipo de indivíduo nunca parece ter excesso de peso, independente daquilo que come. O primeiro indivíduo pode ganhar diversas gramas com um único sorvete. Aqui podemos ver um exemplo perfeito do que Buda quis dizer com as palavras: "Você é aquilo que pensa, tendo se tornado naquilo que pensava."

Assim, o primeiro princípio da Lei Cármica é baseado no pensamento. Como seria simples mudar nossa vida apenas mudando nossos pensamentos. Mas a verdade é que nenhum pensamento é uma ilha em si mesmo. Um pensamento sempre leva a outro que leva a outro, que leva a outro que finalmente leva o indivíduo em direção a seus pensamentos. Assim, é inevitável que, enquanto os anos passam, ele realmente se torne "tudo que pensava".

É interessante notar que quanto mais o indivíduo atribui a si mesmo uma determinada linha de pensamento, mais introduz em sua vida a espécie de indivíduos cujos próprios pensamentos multiplicam sua idéia original. Assim, ele nunca está sozinho em seu modo de pensar. Pelo contrário, pela tendência a dividir seus pensamentos com os outros, existe sempre um crescente conjunto de idéias na consciência popular que sustenta a idéia do indivíduo sobre quem ele é. Ele vibrará com aqueles que pensam como ele e se afastará assustado daqueles cujas crenças são diferentes. Toda vez que seus pensamentos a resepito de quem ele é são ameaçados, retrocederá para seu passado procurando justamente aqueles indivíduos cujos pensamentos presentes reforçarão tudo o que ele costumava ser. Essa é uma das maiores fraquezas do homem — sua tendência a evitar superar padrões habituais de pensamento.

Mesmo quando o homem está no caminho do crescimento espiritual, ele duvida de si mesmo toda vez que vê, nos outros, pensamentos semelhantes aos que ele próprio costumava ter. Isso acontece porque, quando acreditou muito nesses pensamentos, sentiu ser sua obrigação, seu dever e seu caminho satisfazer seu sentimento de ser necessário e transferi-los para outros. Testando a exatidão de suas próprias idéias, ele tentou convencer os outros de que seus pensamentos eram válidos.

Agora vem a parte mais interessante. Uma vez que muito do Carma é baseado nos efeitos daquilo que se pensou no passado, então, a fim de superar padrões de pensamentos obsoletos, um indivíduo deve considerar os efeitos que provocou nas vidas de outras pessoas ao tentar incutir-lhes seus próprios pensamentos passados. Em pequena proporção ele se tornou parte delas, pois, enquanto examinam e separam seus próprios problemas individuais, elas se dirigirão a muitas fontes à procura de suas respostas. E uma dessas fontes serão as palavras que ele lhes falou no passado. Por isso é cósmica, matemática e fisicamente impossível para qualquer indivíduo elevar-se completamente acima do seu próprio Carma, até que cada um dos indivíduos, cujas vidas ele esteve em contato, tenha ficado acima de seus Carmas da mesma maneira que ele os tocou!

Isso nos leva à segunda interpretação do Carma, que vem da Lei da Física de Newton: "Para toda ação deve haver uma reação igual e oposta." O homem às vezes é um ator, um agente, um criador de sua vida, enquanto outras vezes ele é receptivo e suscetível aos efeitos de tudo que criou. Assim, às vezes ele é um ator, enquanto outras é um reator. Entretanto, ele é parte da Lei de Causa e Efeito.

Uma das maneiras mais interessantes de compreender isso vem de uma interpretação incorreta muito comum a respeito do "talento". Aqueles que não são talentosos freqüentemente consideram os que *são* como se possuíssem uma espécie de dom místico, um tipo muito

15

especial de aura, uma dádiva. Mas o artista talentoso, exibindo sua pintura, sua escultura, sua música ou sua poesia, sabe que talento não é nenhuma dessas coisas. Ele toca bem uma canção porque durante milhares de horas e talvez centenas de meses treinou a si mesmo para se tornar perito no seu instrumento.

É nesse ponto que podemos argumentar que, embora sejam necessárias milhares de horas para desenvolver um talento, alguns indivíduos tendem a mostrar logo desde o início uma facilidade maior em determinadas áreas do que outros. Existem estudantes de música que em suas primeiras aulas mostram uma percepção mais elevada a respeito do que é música do que normalmente se espera. Existem estudantes de arte que em sua primeira pintura superam de longe as expectativas de um principiante. Existem estudantes de Astrologia que em seu primeiro curso fazem perguntas que mostram conhecimento avançado, freqüentemente superior ao de seus professores, enquanto outros terão que fazer o curso inicial novamente a fim de desenvolverem uma compreensão básica do assunto. Esses fatos, em vez de negarem a Lei de Causa e Efeito, mostram ainda mais fortemente o conceito de reencarnação. Em poucas semanas torna-se muito fácil para um astrólogo saber qual dos seus alunos estudou Astrologia numa vida anterior, bem como quais alunos a estão conhecendo pela primeira vez. Entretanto, mesmo esses estudantes, com bastante empenho e anos de estudo, podem adquirir um dia aquilo que parecerá aos outros um tremendo talento astrológico. O domínio que finalmente terão sobre o assunto não virá como alguma dádiva mística, mas, sim, como o efeito direto de todos os seus esforços.

Essa Lei de Causa e Efeito está atuando em todo lugar, mas o que parece ser menos óbvio é que o princípio científico correto: "Para cada ação deve haver uma reação igual e oposta", constantemente se aplica à vida humana. Em nossos relacionamentos do dia-a--dia é fácil ver as reações às nossas ações, mas é muito mais difícil compreender que a soma total de reações que experimentamos é exatamente igual à das ações que executamos. Em outras palavras, durante toda a vida ação e reação devem sempre se equilibrar. Isso pode parecer falso porque é totalmente possível para o indivíduo A dar muito mais amor para o indivíduo B do que B é capaz de devolver para A. Nesse caso a Lei de Causa e Efeito parece duvidosa para o indivíduo A, que parece estar dando mais amor. Além disso, a reação proporcional a cada ação parece ainda mais fora de questão. Mas como o universo age de acordo com leis cósmicas muito específicas, o indivíduo A, cedo ou tarde, recebe mais amor dos indivíduos C, D ou E do que ele mesmo é capaz de dar. Quando a soma total de débitos e créditos dos relacionamentos humanos é feita, o resultado de cada coluna é sempre um saldo de igualdade.

16

Percebendo essa espécie de efeito de bumerangue, a sociedade do mundo todo gosta de ensinar às suas crianças a Regra de Ouro: "Faça aos outros o que você gostaria que os outros fizessem a você." De modo mais simples, essa é apenas outra versão do mesmo princípio científico de que para cada ação podemos esperar uma reação igual e oposta. Se um indivíduo tenta elevar sua consciência através da meditação, contemplação ou qualquer outra forma de estudo esotérico, ele automaticamente se confrontará com todas as forças do mundo que tentarão diminuir sua consciência. Assim, quando uma pessoa começa a vibrar na direção de energias mais positivas, ela automaticamente se torna mais sensível e deve enfrentar as energias negativas que representam uma reação igual e oposta às suas ações.

No famoso trabalho de Lao Tsu, *Tao Tse Ching*, é feita a pergunta: "O que é um bom homem?" E a resposta é: "O professor de um mau homem", e continua: "O que é um mau homem?" "A responsabilidade de um bom homem." Se o homem tenta intencionalmente ser "bom", será sempre confrontado com homens que estão tentando ser "maus". Se o homem evita a bondade em si mesmo, ele está inconscientemente atraindo para sua vida todos aqueles que lhe ensinarão a "bondade". Essa Lei de Ação e Reação, Causa e Efeito é difícil de se observar devido ao fator tempo. Normalmente esperamos que a reação siga a ação num espaço de tempo razoável para que uma ligação lógica, visível possa ser feita entre as duas. Quando o tempo entre ação e reação se prolonga por dias, meses ou anos, muitos indivíduos tentam explicar a Lei de Causa e Efeito com a palavra "coincidência". Essa palavra é o obstáculo que o homem precisa superar se quiser compreender a verdade universal. De qualquer lugar que um indivíduo retire sua compreensão, sejam suas raízes orientadas matemática, científica, filosófica ou religiosamente, ou encontradas em alguma mistura de todas elas, o fato é que a "coincidência" é impossível. Quando uma pessoa olha sua vida de um ponto de vista muito pessoal, torna-se fácil presumir que a coincidência existe em todo lugar, pois todos os seus desejos insatisfeitos a perturbam e ela tem pouca perspectiva de compreender qualquer coisa que não se relacione diretamente com a satisfação de seus desejos. Mas quando o homem sai de si mesmo e vê o mundo como ele verdadeiramente é, começa a perceber que, de fato, existem muitos mundos — e cada indivíduo está vivendo dentro das Leis de Causa e Efeito, Ação e Reação, a partir da perspectiva do que ele pode observar através de seu espaço. Assim, as pessoas falam umas com as outras, mas raramente falam umas para as outras. Contudo, isso é ação e provoca reação. A falta de entendimento que resulta disso faz com que cada indivíduo procure outros, que expliquem as idéias que ele não foi capaz de transmitir ou receber deles, que também estão vacilando em mundos desarmoniosos com o seu.

O homem nunca entende completamente o alcance de seu poder, pois percebe mais freqüentemente o mundo que ele mesmo criou do que a totalidade de palavras que compõem o universo. Se, na América, um homem compra um par de sapatos importados, ele está indiretamente ajudando a alimentar uma família de um país estrangeiro, que talvez nunca conheça. Entretanto, ele ajudou a melhorar a economia do país estrangeiro e, ao mesmo tempo, permitiu que a família que foi diretamente beneficiada com isso fizesse negócios em outro lugar, talvez comprando comida produzida por pessoas que ela, por sua vez, nunca conhecerá. As pessoas que produziram a comida podem, por sua vez, adquirir suas máquinas da América. E a parte fascinante de todo o ciclo fica clara quando se percebe que, provavelmente, algumas partes dessas máquinas tenham sido fabricadas nos Estados Unidos por uma companhia que paga um salário ao americano do começo, o que comprou o par de sapatos! Assim, através de uma série de mundos diferentes, formados por pessoas que talvez nunca se conheçam, cada uma se choca com a vida da outra para que a lei universal de Ação e Reação, Causa e Efeito, a Lei Cósmica do Carma seja cumprida.

A terceira interpretação do Carma vem de Edgar Cayce, o grande "Profeta Adormecido" que, através de suas enormes qualidades visionárias, foi capaz de ajudar milhares de indivíduos a encontrarem uma maneira de viver mais saudável e harmoniosa. Quase toda a obra de Cayce foi baseada na Lei do Carma. Em vez de expressá-la como Buda: "Você é aquilo que pensa, tendo se tornando naquilo que pensava", ou como o matemático Newton: "Para toda ação, existe uma reação igual e oposta", Cayce usou duas palavras para descrever essa fascinante lei cósmica. Ele a chamou "Encontrando o Ser". O que ele quis dizer com isso? Como encontramos a nós mesmos? Estaria Cayce se referindo a um espelho através do qual cada indivíduo usa suas experiências de vida e as pessoas que fazem parte dela a fim de ver a si mesmo? O que Cayce descobriu é que a melhor maneira de conhecer o homem é olhar a maneira como ele olha para si mesmo. O espelho não mente, mas mostra o que está lá verdadeiramente. Embora não seja a realidade do homem, é um reflexo suficientemente poderoso de sua realidade para que ele acredite que é tudo o que existe. As pessoas gostam de saber o que os outros pensam a seu respeito. Elas procuram aprovação e evitam a desaprovação das fontes externas. Assim, as condições externas na vida de um indivíduo são simplesmente o reflexo de tudo que brota do seu interior. O homem constantemente procura ver a si mesmo através dos olhos dos outros. Curiosamente, quanto mais o faz, menos ele é verdadeiramente ele mesmo. Mas, através de hábitos de gerações, essa parece ser a maneira mais natural para o homem aprender; ou, mais claramente, para o homem ter a ilusão de que está aprendendo.

Nas conversas mais normais, mundanas, do dia-a-dia que as pessoas têm umas com as outras, é muito fácil ver que os indivíduos estão quase sempre falando consigo mesmos enquanto dão a impressão de falarem com os outros. Existe sempre a conversa exterior acompanhada da conversa interior que o indivíduo está tendo com ele próprio ao mesmo tempo, perguntando constantemente o que o outro indivíduo está dando ou tirando dele, o que ele mesmo está dando ou tirando, e quanta aprovação está recebendo por seus esforços. Se um indivíduo vive sua vida dessa maneira, é muito difícil conhecer seu Carma? Se os amigos que escolhe são verdadeiros, então ele está sinceramente preocupado em encontrar a si mesmo. Se, por outro lado, ele tem amigos por conveniência, que são mais diplomáticos do que verdadeiros, então ele não está encontrando a si mesmo. Isso se baseia no fato de que os indivíduos tendem a procurar fora um apoio para a integridade de suas crenças e de seu comportamento. Em vez de olhar, em particular, em seu próprio espelho, ele tende a procurar os espelhos que refletirão as facetas de si mesmo, que está pronto para ver. Assim, quando uma mulher casada se associa a muitas amigas que são, em grande parte, ou divorciadas ou solteiras, mais do que com as casadas, torna-se muito fácil ver em que direção ela está se inclinando. Se a maioria dos amigos de um homem são indivíduos bem-sucedidos nos negócios, em vez daqueles que evitam responsabilidades, então torna-se fácil ver o grau de sucesso para o qual está se dirigindo. Se uma criança tem muitos amigos com metas definidas, isso também diz muito a respeito da criança. Assim, no processo de encontrar a si mesmo, de acordo com a definição de Carma dada por Edgar Cayce, há uma grande tendência de que a antiga história sobre esposas, de que: "Pássaros da mesma espécie se reúnem", tenha um forte elemento de verdade.

A definição de encontrar a si mesmo, entretanto, não acaba aqui. Ela se baseia no fato de que dentro de cada indivíduo existem também ações e reações. Somente quando as duas se equilibram é que a pessoa é capaz de se reunir ao centro do seu ser. Só então ela verdadeiramente encontra a si mesma.

De acordo com Ouspensky, existem diferentes "eus" dentro de um indivíduo, cada um tentando ter um domínio momentâneo sobre os outros. Ele os compara a uma roda-gigante, onde, num dado momento, um "eu" está no alto e no controle, e, no momento seguinte, outro "eu" está no alto tentando ter igual controle. O exemplo perfeito está na compra de um automóvel, quando o "eu" em controle no momento, impulsivamente, decide comprar o objeto desejado através de um plano de pagamento que todos os outros "eus" terão que pagar. Mas o verdadeiro "eu" não é nenhum desses. Pelo contrário, é o centro da roda, a parte de um indivíduo que é capaz de ver e finalmente compreender todas as outras personalidades divergentes que puxam em direções diferentes em épocas diferentes. Assim, de acordo com Cayce, para encontrarmos a nós mesmos precisamos aprender como ficar no centro de nossa roda para que, em vez de olharmos para a vida através de uma série de espelhos experimentais, sejamos capazes de emitir a pura essência que vem da melhor unidade que podemos alcançar com nosso ser singular, divino e onisciente.

Vemos, então, três diferentes facetas do triângulo Cármico. Primeiro, nas palavras de Buda: "Você é aquilo que pensa, tendo se tornado naquilo que pensava." Segundo, das leis matemáticas de Isaac Newton: "Para toda ação(em sua vida) existirá (uma época em que você experimentará) uma reação igual e oposta." E terceiro, dos estudos de Edgar Cayce, o processo através do qual encontramos a nós mesmos. Em todos os três casos, o Carma se apresenta como as sutis influências do conflito do Yin e Yang. O pensamento é o que impulsiona a ação. A ação provoca reação. Através do processo de ação e reação o homem finalmente é capaz de desenvolver um terceiro "eu" superior, que é capaz de ver as constantes batalhas entre seus comportamentos Yin e Yang de um ponto de observação muito mais claro. E, desse ponto de observação, o centro da roda-gigante de Ouspensky, a verdadeira essência do ser, através do qual o homem pode ver a verdade a respeito de si mesmo. Somente este tipo de percepção permite que vagarosamente nos desobriguemos das leis da interação Cármica.

A analogia da pirâmide ou do triângulo é uma das mais antigas e místicas conhecidas pelo homem. O triângulo possui dois pontos na base e um no topo. O homem tem duas pernas mas apenas uma mente que, se ele quiser unificar, deve orientar a coordenação de ambas. Em todos os ensinamentos da Ioga sempre há uma referência a respeito de como o homem em seu ser inferior, dividido pelo Yin e Yang, ou pelas influências positivas e negativas que vê no mundo ao seu redor, luta consigo mesmo. Primeiro ele é um, depois ele é o outro. Mas somente aprendendo e treinando é que ele desenvolve a terceira parte de si mesmo, o topo do triângulo que olha para as duas outras identidades que ele criou, através de um ponto de vista cósmico. A Ioga chama este ponto mais alto do triângulo de o *Eu Impessoal*. Apenas através do desenvolvimento desse *Eu Impessoal*, em sua unidade de mente, é que o homem é capaz de finalmente conhecer a si mesmo. E, desse conhecimento, finalmente, vem uma plenitude que é o resultado de realmente ter "encontrado a si mesmo" e, ainda mais importante, aceitado a si mesmo! Esse ponto no alto do triângulo não pode existir sozinho. É o transbordamento de anos de luta entre os dois pontos opostos na base do triângulo.

Durante séculos a Astrologia se concentrou na qualidade Yin e Yang na natureza do homem, os efeitos positivos e negativos de energias planetárias e a relação entre os dois. É fácil ver o mundo como uma profusão de forças positivas e negativas porque existem diferenças entre noite e dia, amor e ódio, conceitos de certo e errado, idéias de bem e mal, e uma profusão de outras dualidades que vêm se mostrando constantemente. Mas existe também uma visão mais ampla e multifacetada das coisas, que não vê a dualidade como uma abundância de forças opostas. Essa visão não se baseia em termos de positivo e negativo, bem e mal, certo e errado, aqui e lá, ontem e amanhã, e todas as outras divisões nas quais nossa percepção das coisas pode se desviar da verdade. Pelo contrário, existe uma percepção que, embora veja as dualidades positivas e negativas, também vê tanto valor no negativo quanto no positivo. Ela não valoriza o futuro mais ou menos do que o passado; não vê o dia acima da noite, nem a noite acima do dia. O mais polêmico e surpreendente a respeito desse ponto de vista da percepção é que ele não favorece o bem acima do mal, nem o mal acima do bem. Pelo contrário, toda dualidade é vista como os dois lados de uma mesma moeda, ambos necessários para que a moeda seja completa.

Existe uma razão muito simples para que a maioria das pessoas nunca alcance esse ponto de vista. Desde que um indivíduo absorva sua mente com problemas de dualidade, ele vive uma consciência oprimida. O mundo não está lhe permitindo ser tudo o que ele sente que poderia ser. De momento a momento, enquanto continua trocando identificações do positivo para o negativo e outra vez voltando, ele procura culpar tudo o que se opõe ao que acredita ser o caminho para a satisfação de seus desejos. Ele culpará sua infância, sua religião, seu sexo, seus professores, seu trabalho, seus amigos e a sociedade em que vive por mantê-lo dentro de todas as restrições que ele acredita serem as causas dos conflitos que sente dentro de si mesmo. O que ele não percebe é que, ao ver as coisas dessa maneira, está fazendo tudo que pode para violar os três princípios básicos que formam a Lei do Carma. Ele está criando pensamentos desarmoniosos que o impedem de ser a espécie de criador que deseja ser. Ele reclama dos efeitos de seus pensamentos que o colocam fora de harmonia com o segundo princípio do Carma ou da Lei de Causa e Efeito. E, finalmente, por tentar constantemente ver a si mesmo através dos olhos dos outros, está fazendo tudo o que pode para realmente evitar encontrar a si mesmo na verdadeira luz de sua compreensão divina. Por que, então, o homem continuamente faz tudo que, no fim, o impede de ser uma só coisa consigo mesmo? A resposta não é de todo mística, mas, na verdade, é tão obviamente simples que, na procura da humanidade pela verdade, ela freqüentemente passa desapercebida. Se o homem não tivesse nada do que reclamar, se não tivesse problemas no mundo exterior para culpar por impedir seu progresso, se tivesse todas as suas necessidades financeiras e de sobrevivência satisfeitas, o que ele faria consigo mesmo? É muito mais fácil ser uma rolha boiando na água, esperando que a correnteza nos mova para lá e para cá e culpar essa correnteza por tudo o que nos impede de progredir, do que realmente ter a responsabilidade de nos tornarmos tudo o que poderíamos ser.

Quando Shakespeare disse: "Ser ou não ser, eis a questão", o mundo mal compreendeu o que ele quis dizer com isso. Essa falta de compreensão não acaba simplesmente porque se é um estudante de Astrologia, o que é a primeira porta para a compreensão. Dificilmente existe um estudante de Astrologia que uma vez ou outra não procure colocar a culpa pelas circunstâncias em sua vida em um ou outro aspecto que está se iniciando em seu horóscopo. Assim, a natureza do homem é sempre tentar conseguir algum bode expiatório fora de si mesmo para aquilo que ele não está querendo encarar como sua própria verdade. Esse olhar para fora do "eu", por razões, efeitos e causas, ocasiona o que Shakespeare teria chamado de um estado de "não ser". Mas, no momento em que um indivíduo decide que quer "ser", então ele começa verdadeiramente "a encontrar a si mesmo" como a causa e o efeito, o líder e o discípulo, a fonte e o reflexo. Em essência, ele começa a se tornar seu próprio guardião. E, nesse ponto, ele pode começar a compreender o verdadeiro significado do Carma, pois, na verdade, a única coisa comum a todos os eventos, circunstânicas e pessoas em sua vida é *Ele mesmo!*

CAPÍTULO 2

O CARMA DO "AGORA"

Durante muitas eras o conceito de Carma tem sido associado com a reencarnação. Através de todas suas definiões, ele de alguma maneira sintetizou-se numa essência que constantemente diz que a vida atual é o resultado de todas as vidas anteriores. De muitas maneiras, isso é verdade. Entretanto, essa visão tende a nos fazer ignorar o fato de que o hoje é o ontem do amanhã. Nós vivemos num mundo que está sempre se transformando, onde existe, na verdade, tanto Carma de vida presente acontecendo a todo momento que é realmente mais fácil vermos o passado do que o presente. É mais fácil para o homem encarar o que ficou para trás, olhando para tudo que já viveu — os pensamentos que acumulou com leituras e aqueles que assimilou de seu meio ambiente para entender o modelo de sua vida, em vez de perceber que ele está sempre criando novos modelos. Tudo o que ele pensou ontem repercutirá em sua mente hoje. Tudo o que faz e pensa hoje repercutirá em sua mente amanhã. Na verdade, a pessoa verdadeiramente consciente compreende que não existem dias; existe apenas o momento do "Agora". Mas, na realidade do tempo cronológico, precisamos fazer a pergunta: "Qual a duração do 'Agora'?" Ele significa um dia, uma hora, poucos minutos, ou o breve espaço de tempo médio da atenção da mente consciente, que é de aproximadamente quatro segundos? A definição da palavra "Agora" difere muito de um indivíduo para outro.

Consideremos uma pessoa vivendo dias e semanas de ações que a levam por um caminho divergente, que a afastam de suas metas desejadas. Um dia ela percebe isso e, olhando para trás, para quantas vezes se perdeu de si mesma, chega à afirmação: "Agora veja o que eu fiz." De certa maneira, o pensamento é contraditório. A palavra "Agora" significa o presente. A frase "eu fiz" significa o passado. Para esse indivíduo, a concepção do "Agora" é uma mistura de muitas semanas no passado, o momento da realização no presente e, segundos depois, o surgimento das ações que planeja fazer em seu futuro. Aqui fazemos a pergunta — para quanto tempo no futuro ele está dirigindo suas energias? Assim, o conceito de "Agora" para essa pessoa bem pode ser um período de um ano ou de vários anos.

Consideremos o mesmo indivíduo numa época diferente, dizendo para si mesmo: "Estou com fome." Ele percebeu uma necessidade dentro de si mesmo apenas segundos atrás. Ele permitiu que ela se expressasse espontaneamente e sem dúvida se deixará levar por ela num espaço muito pequeno de tempo. Nesse caso, o conceito de "Agora" é de apenas poucos minutos.

Mais tarde, no mesmo dia, o mesmo indivíduo recebe seu diploma universitário, tão esperado desde sua adolescência, quando definiu suas metas de vida. Ele trabalhou persistentemente por quatro anos e agora precisa lidar com o significado que esse pedaço de papel terá para ele pelo resto de sua vida. Nesse caso, o "Agora" se estende por um longo período de anos. Em verdade, quando ele revê em sua mente os cursos que foram fáceis e aqueles que foram particularmente difíceis, ele está, na realidade, penetrando nas áreas que lhe eram familiares em encarnações passadas e nas que são novas experiências na vida presente. Assim, vemos muitos níveis diferentes agindo ao mesmo tempo. A idéia do "Agora" é uma realidade em transformação constante, diferente para diferentes indivíduos e constantemente diferente para o mesmo indivíduo.

Graças a isso é fácil ver como uma pessoa vive em todo tempo ao mesmo tempo. E é aqui que o indivíduo fica confuso. Ele valoriza aquilo que dura momentos; valoriza o que dura semanas ou meses e valoriza o que dura para sempre. Ele está constantemente pesando a importância desses diferentes "Agoras" a fim de se equilibrar em cada momento presente.

Alguns indivíduos vivem uma vida dedicando-se a alguma coisa que sobreviverá a eles. Assim, seu primeiro conceito de "Agora" é um tempo que eles nunca viverão para ver. No outro extremo do espectro, existem indivíduos que vivem apenas para o momento presente, não se importando com os efeitos futuros de suas ações presentes. Dentro do mesmo indivíduo encontramos sutilezas de pensamento e modelos de comportamento que se inclinam em direção a um e outro extremo ao mesmo tempo. Essas são as coisas que fazem as pessoas se sentirem hipócritas consigo mesmas. Finalmente elas perguntam o que é a vida, a não ser tudo aquilo que defendem.

Quando o homem vive apenas para o momento, os "Agoras" mais amplos que existem por anos ou milhares de anos não apenas parecem alcançá-lo como têm um poder muito forte sobre as marés de sua vida. Ao mesmo tempo, quando o homem tenta viver um "Agora" muito amplo, formado de muitos anos no passado e muitos anos no futuro, ele tende a perder a espontaneidade dos momentos singulares que existem entre ambos. Assim, no primeiro caso, o homem está sempre fazendo coisas em excesso, exagerando, enfatizando demais o poder de cada momento porque isso é tudo o que pode ver. No segundo caso, ele está fazendo a menos, não dando ênfase ao seu momento presente, perdendo a vividez da vida que lhe é oferecida porque não vê a importância do momento efêmero dentro do grande plano do amplo "Agora" que percebe.

A idéia de tempo é toda baseada na percepção. As qualidades de paciência e impaciência provêm da espécie de "Agora" que um indivíduo vê. Surge, então, a pergunta: Qual conceito de "Agora" é mais importante? E essa pergunta torna-se particularmente importante para o indivíduo que é capaz de ver todos esses diferentes "Agoras" ao mesmo tempo. Curiosamente, parece haver um modelo muito bem definido de como esses "Agoras" trabalham. Inúmeros gurus tiraram muitos anos de suas vidas para cumprir seu Carma de uma encarnação passada antes de se decidirem por qualquer missão que deveriam realizar na vida presente. No outro extremo do espectro está o indivíduo que nem mesmo está consciente de que existem as encarnações passadas, muito menos de que elas podem ter influência na vida presente. Fale um pouco com ele. Observe sua vida e você perceberá que, por momentos, dias, ou mesmo anos a fio, existem partes dele que parecem estar "fora para almoço". Ele não está inteiro aqui, mas, certamente, forças cuja existência ele nega o estão puxando para épocas e lugares do seu passado. Quanto mais isso acontece, mais ele perde seu senso de presença no momento do "Agora". Um indivíduo pode viver além de seus meios ou dentro deles. Mas, a menos que saiba quais são seus meios, ele na verdade não tem um ponto de referência a partir do qual saiba *quando* está fazendo *o quê*.

Uma vez que os meios têm muito a ver com os fins, um indivíduo precisa conhecer seus fins se quiser que seus meios os encontrem. Mas aqui, também, o homem se confunde. Alguns fins são metas que levam a vida inteira para serem atingidas. Alguns são momentos efêmeros cujas recompensas são menos gratificantes. E alguns vêm de motivações iniciadas em vidas anteriores. Assim, quando falamos sobre metas, meios e fins somos novamente confrontados com o conceito de percepção de tempo do homem. Existe um grande segredo com respeito ao tempo que a maioria da raça humana não tem consciência. Geralmente pensa-se no tempo como uma dimensão linear movendo-se progressivamente para a frente, como uma linha reta indo da esquerda para a direita, ou para qualquer direção que se possa escolher. Ela avança por minutos, horas, dias, semanas e séculos, cronologicamente, parecendo se mover numa única direção. A direção é o que dá ao homem um senso de proporção. É interessante notar aqui que o indivíduo sem propósito ou direção parece ter todo o tempo do mundo, enquanto aquele com muito propósito e direção parece não ter tempo algum. Qual é, então, a diferença entre todo o tempo e tempo algum? Freqüentemente ouvimos a expressão "não existe momento como o presente". Essa afirmação tem um significado muito mais profundo do que aparece na superfície.

Pegue um pedaço de papel e dobre-o no meio. Agora, no lado esquerdo do papel, usando alguma coisa que saia facilmente (como giz, carvão ou lápis grosso), rabisque uma linha horizontal ondulada a partir do lado esquerdo da página até a dobra central. As ondulações não precisam ser iguais. Na verdade, você entenderá todo o conceito de tempo e Carma muito melhor se elas não foram iguais. Quando tiver feito isso, dobre a página no meio, esfregando o pedaço de papel para que cada linha ondulada, feita no lado esquerdo, saia no lado direito da página. Agora abra a página e observe a linha ondulada movendo-se através de todo o papel. Repare como um lado é a imagem exata do outro. A dobra no centro da folha de papel é exatamente onde o homem está a qualquer ponto no tempo. Ela é, na verdade, a realidade de sua experiência do "Agora". O lado esquerdo da página representa seu passado; o lado direito, seu futuro. Você pode ver com esse exemplo por que sempre foi tão fácil para cartomantes, adivinhos preverem o futuro? O que eles sempre fizeram, na verdade, foi olhar para o reflexo ou a imagem refletida do passado de um indivíduo. O perspicaz adivinho, sendo capaz de fixar a pessoa em seu próprio "Agora" individual e sabendo o poder que as pessoas conferem ao seu passado, acima de seu futuro, simplesmente vê o passado do indivíduo, vê onde o indivíduo está agora e então é capaz de dizer, olhando o lado direito da folha de papel ou da imagem refletida do passado, um perfil muito preciso de como será o futuro da pessoa. Os altos e baixos da linha ondulada do lado esquerdo da página podem ser medidos em polegadas que podem ser igualadas a semanas, meses ou anos. Pode-se prever acontecimentos semelhantes, até com respeito à data, medindo-se o mesmo número de polegadas e igualando-as a dias, meses ou anos no lado direito da página. É lamentável que a maioria das pessoas que vão a um adivinho gastem seu futuro repetindo seu passado. Quanto mais uma pessoa se agarra às suas lembranças, sejam boas ou más, mais previsível é o seu futuro, porque não está verdadeiramente em suas mãos, mas, sim, no reflexo de suas lembranças do lado oposto da folha de papel.

Existe uma grande distância na linha ondulada no lado esquerdo da folha de papel simbolizando o passado. Existe também uma grande distância em sua reflexão futura na linha ondulada do lado direito do pedaço de papel. Mas o ponto no centro da linha formada pela dobra não tem direção no tempo. Ela não se prolonga para o futuro nem vem do passado. O fato mais surpreendente é que, quando o pedaço de papel é dobrado, o passado e o futuro se refletem, mas o ponto no centro não se recria nem no passado nem no futuro. Esse é o ponto no tempo que representa o campo focalizado da experiência do "Agora".

É o centro da consciência tanto do passado quanto do futuro, juntamente com a compreensão de que somente o "Agora" existe. Voltando à nossa analogia anterior, do indivíduo que tenta viver todo o tempo comparado ao indivíduo que vive apenas para o presente, precisamos considerar mais um fator para tornar a imagem clara. Pode parecer que o indivíduo que está vivendo apenas no presente esteja vivendo no "Agora". Não necessariamente! Para verificar isso, pegue a folha de papel e dobre-a novamente de modo que apareça uma dobra, mais ou menos meia polegada à direita da dobra original. Abra a folha e olhe. Você agora se confronta com um segundo "Agora" para lidar. Se você dobrasse o papel outra vez, haveria um terceiro "Agora", e assim por diante. Mas nenhum deles representa o "Agora" do qual estou falando. Eles são criados devido à poderosa tendência do passado se refletir no futuro. E se refletem na vida de um indivíduo que vive uma seqüência de momentos do "Agora" sem estar verdadeiramente em contato com aquele ponto no centro da folha de papel, que é a única experiência do "Agora" real.

Diz-se que tudo muda, mas nada muda. A Lei de Causa e Efeito, que é em essência a verdadeira base do Carma, é fortemente enraizada no significado dessa frase. Para alguns, a vida é uma série de mudanças que levam a mudança nenhuma. Para outros, a vida é uma série de mudanças que levam a uma grande mudança. Para outros ainda, o padrão de eventos na vida nunca parece mudar. O verdadeiro "Agora", no centro da folha de papel, vê as mudanças no passado e no futuro e muda constantemente em si mesmo. Mas, embora esteja constantemente mudando, nunca se move do centro da folha de papel. E, nesse sentido, num nível muito mais profundo, ela nunca muda.

Se o homem está constantemente vibrando com os ecos de seu passado e ao mesmo tempo se projetando para a promessa do futuro, ele continua movendo aquele ponto no pedaço de papel, da esquerda para a direita. Toda vez que ele move aquele ponto para a esquerda, ele se afasta do seu passado. Então, de acordo com a lei da reação igual e oposta, ele moverá aquele ponto para o futuro, que então recriará seu passado. É assim que o homem vive numa condição

Cármica. Seu passado foi uma série de fracassos e sucessos. E, no momento em que pensa sobre isso, ele automaticamente projeta os mesmos pensamentos em seu futuro.

É extremamente difícil que se passem cinco minutos sem que alguém esteja experimentando vários pensamentos do seu passado. Isso acontece porque fazendo assim lhe é oferecida segurança no futuro. Faz com que sinta que tem algum controle sobre o que acontecerá mais tarde em sua vida. O que ele não percebe é que pulando constantemente do passado para o futuro consome imensamente suas energias. Ele vive num letárgico estado de limbo onde constantes ações e reações governam todos os seus momentos. Assim, nunca percebe completamente o potencial que Deus planejou para ele. Vive num mundo de ilusão, acreditando estar indo para algum lugar juntamente com sua concepção linear de tempo, através da qual (de acordo com seu próprio conjunto de valores) mede seu progresso.

Para muitos é uma experiência assustadora tentar viver no "Agora", porque isso significa que o indivíduo não está mais se agarrando ao seu passado nem preocupado com seu futuro. É interessante notar que o padrão seguido pelas pessoas que foram capazes de conseguir viver no "Agora" tem sido sempre muito semelhante. O indivíduo que está constantemente projetando sua vida no futuro, pretendendo mudar o mundo para melhor, finalmente ficará muito desapontado ao descobrir que este já é suficientemente bom. E, na verdade, ele descobrirá que tudo é como deveria ser. O indivíduo que constantemente prolonga injustiças que sofreu no passado, finalmente perceberá que não pode mudar o mundo do passado. Quando Buda sentou-se por vinte e nove dias sob a árvore da sabedoria, procurando a maior resposta para a vida, ele finalmente chegou a compreender que a chave da vida é "ser". Ao projetarmos nossas energias em direção ao futuro ou ao passado, perdemos nosso senso de estarmos no presente. O "Agora" presente é o momento em que você está lendo esta sentença, e quanto mais você refletir sobre como poderia corrigir no futuro erros que fez no passado, menos estará entrando em contato com o "Agora" desta sentença. Os indivíduos que estão tentando elevar seu Carma passado, superando hábitos estabelecidos há muito tempo, fazem-no da mesma maneira. O alcoólatra, que está superando seu hábito, reza: "Deus, ajude-me a consegui-lo durante este dia." O fumante que está tentando diminuir seu consumo usa o mesmo método. Na verdade, o foco no "Agora" pode se restringir a um dia, uma hora ou poucos minutos, até que o indivíduo seja capaz de se centralizar na harmonia de sua experiência do "Agora". O caminho de todo indivíduo que nunca dominou a si mesmo tem sido sempre através da percepção de que muito

28

passado ou muito futuro deixa muito pouca energia criativa para a expressão completa no "Agora".

Talvez um dos melhores caminhos para compreender o que é o "Agora" possa ser visto pela atitude de um escritor quando está em harmonia consigo mesmo. A alegria que sente é durante a escrita, quando ele está realmente participando do processo criativo. A alegria do leitor vem mais tarde, quando, através da leitura, ele está participando do processo criativo. Quando numa outra data futura, leitores cumprimentam o escritor por um trabalho bem feito, este tem pouco a dizer, pois não é parte de sua experiência do "Agora".

Considerando outro exemplo, pense no indivíduo com preocupações a respeito do futuro, junto com suficientes tristezas do passado, para não ver o presente. Indo mais longe, consideremos um estudante de Astrologia esperando por um determinado trânsito para fazer os acontecimentos em sua vida melhores, enquanto, até que tal trânsito aconteça, ele cria um desequilíbrio no resto de seu ser, por não usar todas as outras energias que estão disponíveis no "Agora".

A fim de viver no "Agora" precisamos nos tornar cientes do fato de que não existe "tempo", exceto aquele que somos capazes de usar. Perguntas e problemas cujas soluções o indivíduo está procurando no futuro tendem a impeli-lo a uma concepção de tempo do qual ainda não pode fazer uso. Ele não existe. E é por isso que todas as suas considerações não podem lhe trazer a resposta que está procurando, porque quanto mais pensa, mais ele deixa o "Agora". Existem indivíduos que passam por estados de depressão que se originam de rejeições ou fracassos do passado que não existe agora, ou por acreditarem que não podem satisfazer suas próprias expectativas no futuro que também não existe. Uma coisa surpreendente a respeito da depressão é que toda vez que o indivíduo tem a oportunidade de falar com outra pessoa, ele parece sair de seu estado depressivo, apenas voltando a ele mais tarde. O que está realmente acontecendo é que, enquanto está recebendo a aceitação de um ouvinte, ele está experimentando o "Agora", e no momento em que não tem mais quem o ouça, rapidamente desliza de volta a problemas passados que não pode resolver. É como um indivíduo que quer fazer um depósito bancário no domingo, quando os bancos estão fechados. Seu desejo por ação falhará porque ele não está lidando com o "Agora", mas, pelo contrário, está tentando abrir as portas do banco, que se abrirão por si mesmas no dia seguinte. O indivíduo que passa uma semana inteira planejando cortar a grama no sábado não apenas perde o "Agora" de cada dia que estará vivendo até lá, mas o que fará no sábado se chover? Todos esses exemplos mostram como é fácil *não* levar a vida um dia de cada vez. Ao viver um dia por vez a vida se torna muito mais simples e fácil do que se complicá-la com problemas que não existem no presente.

Viver um dia de cada vez, difícil como possa parecer, é apenas o primeiro passo para se aproximar do "Agora". O segundo passo é o indivíduo compreender quanto do dia ele está tentando viver ao mesmo tempo. Se pela manhã ele está pensando em sua tarde e à tarde está pensando em sua noite e sua manhã, e à noite está pensando sobre o tempo anterior juntamente com o que fará no dia seguinte, ele não está verdadeiramente vivendo o "Agora". Embora ele tenha reduzido sua percepção para um intervalo de aproximadamente vinte e quatro horas, pode se frustrar constantemente por viver tanto à frente quanto atrás de si mesmo, em vez de atuar com sua melhor habilidade em cada momento. Pensando no que faremos depois, a totalidade de alegria que existe no momento presente é dissipada. O senso de presença do indivíduo torna-se obscuro enquanto ele se permite cair livremente num tempo que não existe agora. Um músico, ao se exercitar em seu instrumento, o faz melhor quando toda sua atenção, coordenação e todo seu ser estão concentrados na nota que está tocando naquele momento. Ele é um só com seu instrumento. Entretanto, no momento em que sua mente pergunta como suas notas estão sendo captadas por seus ouvintes, ele está perdendo o "Agora", pois, fazendo isso, ele está na realidade criando um atraso no tempo, e caso perceba qualquer *feedback* negativo de seus ouvintes, perderá sua identidade com seu instrumento e começará a cometer erros. É como o jogador de beisebol arremessando uma bola perfeita até que percebe que cinqüenta mil pessoas o estão observando. Então, ele começa a observar a si mesmo através de cinqüenta mil diferentes "Agoras", em vez de fazê-lo através do seu, criando probabilidades muito fortes de cometer erros resultantes da perda de contato consigo mesmo. Isso nos leva a uma outra definição do "Agora" que se baseia em como um indivíduo percebe o "Aqui".

Vivemos num mundo muito grande, com muitas coisas acontecendo em muitos lugares o tempo todo. Os jornais e os meios de comunicação dirigem nossa atenção para todas as partes do globo, todo o dia. Ruídos altos nas ruas chegam aos nossos ouvidos e desviam nossa atenção da presença do nosso ser. Do mesmo modo como existe apenas um "Agora", existe também apenas um "Aqui". O "Aqui" é o centro de onde um indivíduo está em consciência, justamente "Agora". Se alguém trabalha para dominar o segredo do tempo, mas não consegue dominar o "Aqui", então ele ainda está perdendo uma parcela muito grande do "Agora".

A mente é uma coisa engraçada. Através da imaginação ela gosta de vagar por diferentes lugares o tempo todo. Consideremos um indivíduo pensando em alguém amado que está longe. Agora, um outro indivíduo no decorrer do seu trabalho diário, imaginando onde passará suas férias. E, ainda, um outro indivíduo pensando em sair para fazer compras e perguntando a si mesmo qual loja terá as melhores ofertas. Em todos esses casos, a mente vagueia para diferentes lugares, afastando-se da espontaneidade do momento presente. As pessoas têm uma tendência singular de cuidar das pessoas. Elas viajam através das caixas do correio, agarrando-se às suas cartas até que tenham certeza que elas chegaram a seu destino. Elas viajam através do telefone, permanecendo nas mentes das outras pessoas até terem certeza de que seja o que for que tenham verbalizado, foi aceito. Você pode imaginar quantas pessoas, coisas, lugares e idéias são capazes de interferir na mente de um indivíduo a qualquer momento? Essas são as razões para a maioria das pessoas estar completamente exausta no fim de cada dia: elas tentam colocar muitos tempos e lugares em cada momento.

O "Agora" é o tempo em que você está neste momento. Mas ele também está restringido ao lugar em que você está neste momento. Se você está pintando um quadro, o "Agora" é a pincelada que estiver dando neste momento. Observações dos artistas e músicos mais perfeitos mostram que eles estão completamente esquecidos de tudo que está fora daquilo que estão fazendo. Independente do trabalho, peça, tarefas ou deveres em que um indivíduo se encontra, seu "Agora" é seu envolvimento concentrado no momento. Mas é importante, também, que ele perceba que seu "Aqui" é realizado por não tentar viver através dos outros, mas, sim, por ficar dentro de si mesmo, que é a única fonte real de tudo que possa emanar dele.

Para a maioria das pessoas existe uma tendência muito forte de viverem suas vidas através dos outros, sempre perguntando secretamente o equilíbrio de quanto estão dando e recebendo em todo relacionamento. Elas se agarram aos sonhos de outros indivíduos e, portanto, precisam viver no lugar destes, violentando seu próprio senso de "Aqui".

Pense no mundo como um gigantesco oceano, no qual cada pessoa é apenas uma gotinha de água. Quão minúsculos e insignificantes nós somos; e, ainda assim, dentro de cada gotinha de água está um modelo de todo o oceano. Uma gotinha de água não tem que estar em outro lugar ou outro tempo a não ser exatamente aquele em que está. Pelo contrário, ela é capaz de se misturar harmoniosamente com a correnteza à sua volta no momento do "Agora". Mesmo os indivíduos que vivem no "Agora", e por isso desperdiçam menos energia — e como resultado alcançam grandes coisas —, perdem seu senso de "Agora" toda vez que olham para trás, para suas realizações passadas.

Seja o que for que exista nos pensamentos com os quais não se possa lidar no tempo e no lugar exato em que o indivíduo está, são apenas distrações da sua realidade do "Agora". O objetivo da vida não é apenas evoluir a Alma, mas ser feliz durante o processo. Assim, a viagem através do Carma é igualmente tão importante quanto o destino.

Quer um indivíduo estude ou não Astrologia, ele ainda colherá os efeitos Yin e Yang de seus pensamentos e ações em encarnações anteriores. Não há dúvida de que até certo ponto o homem cria e encontra os efeitos de tudo que cria também na vida atual. Mas, no momento m que pára e ruidosamente bate palmas, ele está experimentando a pura essência do "Agora".

Todos os princípios do Zen procuram ensinar a um indivíduo como experimentar o "Agora", porque esse é o único caminho para uma pessoa parar de dar força novamente ao seu passado, trazendo-o para o presente, queixando-se a seu respeito e, assim, continuando sua indulgente vibração de ecos daquilo que não é mais. Quanto mais um indivíduo perpetua lembranças de seu passado, mais este se torna o seu presente. E quanto mais o faz, mais está perdendo a essência verdadeira da experiência do "Agora".

Quer um homem sinta-se bem ou mal a respeito de si mesmo, devido a circunstâncias Cármicas passadas, ele tem uma tremenda tendência a medir sua bondade com seu conceito de Deus, como é formulado por outros há centenas ou milhares de anos. Isso o impede de perceber o "Deus Vivo" no "Agora"; o Deus onipresente que dá e perdoa e que não se importa com o que o homem fez há milhares de anos, tanto quanto com o que está fazendo agora.

A Astrologia é uma linguagem. É um dos muitos caminhos para o homem ver a Deus. O problema sempre tem sido que a maior parte da raça humana vê Deus como uma força externa. Como resultado, eles procuram Deus nas coisas, circunstâncias, pessoas e eventos fora de si mesmos. Quando o fazem, deixam seu centro do ser e perdem a pura essência do "Aqui" e "Agora" — a verdadeira realidade vívida que o Deus dentro deles os está impelindo a experimentar.

Um dos maiores serviços que a Astrologia fez foi destruir as barreiras entre diferentes religiões. A Astrologia ensina que um indivíduo, a despeito de sua religião, sexo ou credo, é muito o seu mapa. E, ao mesmo tempo, um dos maiores prejuízos que a Astrologia causou foi favorecer o mito de que Deus está fora do indivíduo. Mesmo astrólogos espirituais "pregam" que devemos usar nosso mapa astral aspirando à evolução. Aqui o homem se confronta com seu ego espiritual, que o desvia de sua verdadeira essência tanto quanto seu ego pessoal. O processo de evolução é um processo natural. Com ou sem desejo, com ou sem aspiração, uma arvorezinha se transformará numa árvore. Mas, queira ou não, a arvorezinha (se realmente puder) se tornará uma árvore na época adequada. Uma criança crescerá quando estiver pronta, independente de indivíduos tentarem apressar ou impedir o processo. O importante aqui é que a beleza da arvorezinha ou da árvore, da criança ou do adulto, não está naquilo em que se transformará um dia — pois este é um tempo que ainda não existe —, mas, sim, na função, essência da presença e plenitude de qualquer dimensão que está expressando no momento do "Agora".

É nesse ponto que a Astrologia precisa começar a focalizar sua atenção se, como uma raça e um universo, quisermos ficar juntos na eterna unidade que existe e da qual temos apenas *flashes* em raros momentos.

CAPÍTULO 3

O HORÓSCOPO E "O AGORA"

O horóscopo é formado por quatro fatores básicos — os planetas, os signos, os aspectos e as casas. A fim de entendê-los adequadamente, precisamos ser capazes de distinguir claramente as diferenças entre os quatro. Os planetas simbolizam energias. As constelações nas quais eles se encontram colorem essas energias como filtros em frente à luz branca de projetores que mudam a cor num determinado raio de luz antes de atingirem o palco. Assim, sabendo o tipo de energia que um planeta emite, o signo no qual se encontra transformará gradativamente, de modo sutil, a energia em seu próprio colorido. Os aspectos, ou a relação entre os planetas, e os signos nos quais se encontram podem ser comparados a uma série de luzes de cores diferentes, colocadas em diferentes cantos do teatro, mas todas focalizadas no palco. As casas, que simbolizam as experiências de vida, exteriores ao verdadeiro "eu" interior, criadas pelo Carma (resultado do uso da obstinação), podem ser comparadas a um palco giratório sobre o qual toda atividade é representada.

Se formos questionar qual dos quatro fatores astrológicos (os planeta, os signos, casas ou aspectos) está mais próximo da verdadeira natureza do indivíduo, então precisamos perceber que as luzes do teatro, suas cores, sua localização e o palco giratório sobre o qual elas brilham têm cada uma um efeito diferente no ator, mas não são, em si mesmas, o ator. Assim, enquanto os planetas graduam a luz, os signos em que estão colorirão estas luzes; os aspectos entre os planetas mostram as várias combinações, nuanças e misturas de luzes que atingirão o ator; e o palco mostra o cenário em cuja estrutura o ator agirá. Nenhum deles fala da peça que o ator representará — pois esta, em parte, vem de sua própria escolha, mas é muito enraizada Carmicamente. O mais interessante é o fato de que, dependendo da peça que o ator representar, o cenário em seu palco deve estar de acordo com ela. Por essa razão é que as casas astrológicas (como simbolizadas pelo cenário das experiências de vida) devem ser vistas como o que é externo ou fora do verdadeiro "eu", pois não há dúvida de que Deus deu ao homem a vontade e o poder para escolher as experiências de vida que ele representará. Mesmo se considerarmos muitas ações como resultado de ações passadas, não podemos ignorar o fato de que, em algum tempo no passado, as escolhas baseadas na livre vontade começarão um determinado caminho Cármico. No presente, também, portas Cármicas estão constantemente abrindo e fechando-se, dependendo das escolhas livres que um indivíduo faz. Mesmo depois de um indivíduo ter feito suas escolhas com respeito à espécie de experiências das quais gostaria de ser parte, ele ainda possui uma qualidade muito humana que lhe dá uma ampla latitude de expressão. Assim, seja qual for o *script* que um indivíduo está representando, ele fará uso das luzes e de suas diferentes cores (os planetas e os signos), pois elas aumentam sua expressão e lhe dão o poder e o colorido de sua energia. O cenário, ou casas, lhe dão um quadro de referência fora de si mesmo, para que possa ver e sentir um *feedback* externo que ajuda a convencê-lo de que suas ações são adequadas. O ator no palco tenta tornar-se parte do seu cenário e misturar-se com ele para que seu ato seja convincente para ainda um outro fator — sua audiência sempre mudando, que pode ser comparada com os planetas em trânsito que, dia-a-dia, semana a semana e ano a ano, constantemente lhe dão diferentes impressões externas de seu mapa natal. É muito como as faces mutáveis de sua audiência à vida, cujos próprios desejos e necessidades ele está constantemente tentando satisfazer.

Entretanto, Deus nunca pediu ao homem para ser um ator — apenas "ser". Muitos poetas e músicos de profunda sensibilidade têm observado como é fácil para o homem viver fora de si mesmo; como distrações tornam difícil para ele viver sua própria existência. Isso foi expressado por James Taylor numa canção que dizia: "Estamos viajando numa ferrovia cantando a canção de outra pessoa." O ponto é que se o homem quiser verdadeiramente se encontrar, precisa parar de olhar para si mesmo através dos olhos dos outros. Ele precisa jogar fora o espelho e, como duas velas se consumindo em uma, precisa permitir que o excesso de cera de impressões passadas se desvaneça. O homem precisa parar de desperdiçar todas as suas energias através dos olhos e experiências de outros, que estão constantemente tentando fazer o mesmo. Somente quando isso é feito uma pessoa pode verdadeiramente tornar-se uma consigo mesma.

Com esse propósito, planejei um novo método de mostrar o mapa do horóscopo.* Sua meta é permitir ao estudante e ao astrólogo verem as coisas como elas realmente são, em vez de como

---

* Semelhante a uma invenção de Margaret Hone.

símbolos impressionistas sugerindo uma realidade deformada. No método antigo, um círculo de 360 graus era dividido em doze partes iguais, com as casas aparecendo dentro do círculo. Um segundo círculo aparecia fora deste, e, dadas suas próprias divisões, representava os doze signos do zodíaco. Os planetas eram colocados dentro das casas, não dentro dos signos. Contudo, seria óbvio em que signos eles apareciam pela maneira como um círculo se alinhava com o outro. Em meu novo método, todo esse sistema é invertido. As casas aparecem no círculo de fora, enquanto os signos aparecem no círculo de dentro. Os planetas ainda estão colocados no círculo de dentro e são graficamente mostrados nos signos em que caem, em vez de nas casas. A razão final para desenhar um mapa dessa maneira é ver mais exatamente a realidade como ela verdadeiramente o é.

Os mapas seguintes são da mesma data de nascimento, tempo e lugar. O mapa A é desenhado de acordo com o método antigo, onde as casas aparecem no círculo de dentro. O mapa B é o novo método, mostrando os signos no círculo de dentro. Ambos os mapas estão usando Cúspides de Placidus.

A primeira falácia com o método antigo é muito aparente. Note que o espaço do horóscopo dividiu os 360 graus do zodíaco em doze partes iguais de trinta graus. No mapa A isso é bastante enganador. Uma vez que estamos lidando com um sistema de casas desigual e cada casa é visualmente desenhada para ser exatamente do mesmo tamanho, a interpretação torna-se difícil. O indivíduo, ao ler o mapa, é visualmente levado a acreditar naquilo que não é. Assim, ele precisa mentalmente desmentir o que seus olhos estão lhe dizendo para que possa entender a verdade do que está olhando. É muito comum que os mapas apareçam com casas muito grandes e muito pequenas. Contudo, no método representado pelo mapa A isso não é mostrado. O estudante precisa fazer algumas ginásticas aritméticas para imaginar as diferenças nos tamanhos das casas. Agora olhe o mapa B. Aqui o círculo de dentro está sendo usado para mostrar os doze signos do zodíaco. Visualmente, e você pode medir com um transferidor, cada signo aparece como uma parte de trinta graus. É exatamente assim que deve ser, desde que cada constelação no céu foi dividida em partes de trinta graus. O círculo de fora, que representa as casas, mostra cada divisão de casa com seu verdadeiro tamanho. Visualmente, casas menores aparecem menores e casas maiores aparecem maiores. Como resultado não se precisa fazer nenhuma ginástica mental para ver a perspectiva correta entre os doze signos iguais do zodíaco e o tamanho exato das dozes casas desiguais.

37

Se não houvesse outro motivo para empregar esse método de fazer mapas, só este já seria suficiente, mas existem outras razões. A segunda razão baseia-se numa questão de simplicidade. Note que no mapa A cada símbolo planetário precisa ter o signo do zodíaco desenhado próximo a ele. Assim, cada signo do zodíaco é desenhado duas vezes — primeiro, no círculo de fora para mostrar o signo, e, novamente, com cada planeta naquele signo. Agora olhe para o mapa B. Aqui, cada signo do zodíaco é desenhado apenas uma vez. Como os signos estão colocados na parte de dentro do círculo, e os planetas aparecem dentro desses segmentos de trinta graus, cada planeta não precisa ter o signo desenhado próximo a ele. Assim, desenhando o símbolo planetário dentro da parte de trinta graus na qual ele cai, convenientemente mostra o signo no qual o planeta está sem ter que passar pelo duplo trabalho de escrevê-lo novamente.

A terceira razão tem a ver com signos interceptados. Note que no mapa A existem dois signos faltando (Touro e Escorpião), dando uma idéia incompleta do zodíaco. O cinto da constelação segue numa seqüência sem deixar nenhum signo de fora. Ao colocarmos os signos no círculo de dentro do mapa B, cada signo do zodíaco é representado. Desse modo, não há confusão ao olharmos para os signos interceptados.

A quarta razão é baseada na facilidade com que podemos visualmente interpretar aspectos em vez de termos que constantemente contar o número de graus entre planetas num mapa que é visualmente enganoso. Sabemos que os signos fixos, se ligados uns aos outros, pareceriam formar uma Grande Cruz. O mesmo vale para os signos Cardinais e Mutáveis. Note que no mapa A o signo fixo de Touro parece estar formando quase que um quincôncio com o próximo signo fixo, Leão. Por sua vez, Leão parece estar formando quase que um sextil com o próximo signo fixo, Escorpião. Este parece estar formando algo entre um trígono e um quincôncio com o próximo signo fixo, Aquário. Assim, se os signos fixos fossem ligados no mapa A, a Grande Cruz que eles formam, na realidade, pareceria completamente deformada aos olhos. Agora olhe para o mapa B. Mesmo sem usar um transferidor, é visualmente óbvio que cada signo fixo está formando um quadrado exato de noventa graus com o próximo signo; e que os quatro juntos estão formando uma Cruz perfeitamente simétrica. Isso torna muito mais simples a interpretação dos aspectos.

Encontre o aspecto entre Saturno e Plutão no mapa A. Se você usar um transferidor (que mede ângulos exatos), esses dois planetas parecem estar separados por mais ou menos 130 ou 140 graus. No mapa B, o quadrado, que tem menos de nove graus para ser exato, mede quase que os exatos noventa graus que praticamente tem. Na verdade, se você usar um transferidor, medindo o aspecto entre

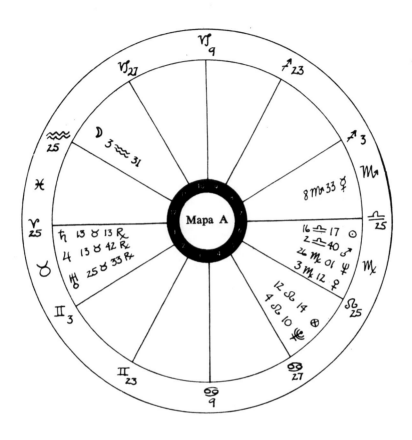

JOHN LENNON
9 de outubro, 1940
Manchester, Inglaterra

Reprodução de *An Astrological Who's Who*, por Marc Penfield, com permissão da Arcane Publications, York Harbor, Maine 03911.

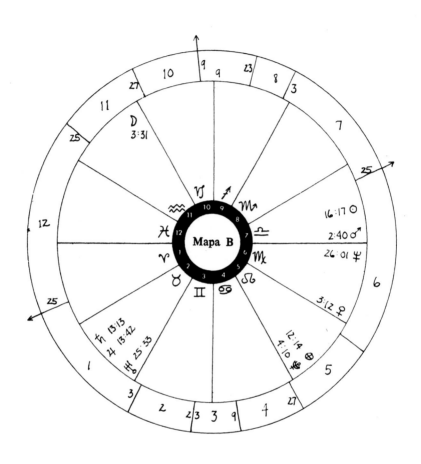

JOHN LENNON
9 de outubro, 1940
Manchester, Inglaterra

Reprodução de *An Astrological Who's Who*, por Marc Penfield, com permissão da Arcane Publications, York Harbor, Maine 03911.

Saturno e a Roda da Fortuna do mapa A para o mapa B, essa diferença entre a representação gráfica adequada e inadequada torna-se até mais pronunciada. A fim de contar os aspectos de acordo com o método antigo, primeiro precisamos aceitar o fato de que as colocações planetárias simbólicas no mapa não representam de maneira alguma onde os planetas verdadeiramente estão. Necessitamos saber, então, a ordem exata dos signos e muito freqüentemente precisamos contar os graus e os signos interceptados para achar a distância exata entre planetas. Isso torna o desenho dos aspectos um processo muito cansativo e incômodo, com o resultado final sendo uma representação falsa do relacionamento entre eles.

Para encontrar o aspecto entre Saturno e Plutão ou Saturno e a Roda da Fortuna no mapa B, tudo que precisamos fazer é colocar nosso dedo no símbolo de Saturno em treze graus e treze minutos de Touro (Retrógrado) e, então, movê-lo para treze graus e treze minutos de Gêmeos (que é o signo seguinte), o que completa trinta graus. Mova novamente para treze graus e treze minutos de Câncer (que é o signo que vem depois) e você terá completado sessenta graus. Mova novamente para treze graus e treze minutos de Leão. Isso completa noventa graus. Então, veja se a Roda da Fortuna e Plutão estão dentro dos nove graus do círculo dividido de treze graus e treze minutos de Leão. Eles estão, e o mapa agora mostra visualmente dois quadrados. Para exemplificar ainda mais, consideremos a distância entre Plutão e Mercúrio. No mapa A eles parecem estar formando um sextil aproximado, mas no mapa B eles se mostram como a quadratura que são na realidade. Talvez a melhor observação de todas possa ser feita a partir do fato de que ambos os mapas contêm uma cruz fixa entre os planetas, Plutão, Mercúrio, a Lua, Saturno e Júpiter (aqui estou permitindo um círculo ligeiramente maior entre a Lua e Júpiter devido à amplitude de efeito de Júpiter e o fato de a Lua ser um dos astros). Entretanto, se você desenhar a cruz fixa no mapa A, ela parecerá suficientemente desigual para que você a veja como uma cruz fixa. No mapa B, a cruz fixa é claramente visível.

Junto com essas mesmas linhas de interpretação de aspectos, o velho método de fazer mapas apresenta ainda outra dificuldade. Essa dificuldade se revela mais na habilidade para ver conjunções e *stelliuns* como elas verdadeiramente são. No mapa A existem um *stellium* de quatro planetas na Sexta Casa. Se não olharmos atentamente o exato número de graus, os planetas parecem estar formando uma enorme conjunção. Na verdade, apenas Marte e Netuno são parte dessa conjunção. Um lado da conjunção mostra Vênus fora da órbita de Netuno. E, do outro lado, o Sol está fora da órbita de Marte. Assim, o que a princípio parece ser uma conjunção muito ampla é

41

realmente apenas uma ênfase de quatro planetas na Sexta Casa. Agora olhe para os mesmos quatro planetas no mapa B. Repare que, visualmente, a conjunção Marte-Neturno parece ser a conjunção que realmente é, enquanto Vênus e o Sol estão adequadamente distantes para que não se cometa o erro de interpretar esses quatro planetas juntos. Contudo, todos eles aparecem, como devem, na Sexta Casa.

Observando um trânsito de acordo com o método antigo representado no mapa A, pareceria haver um efeito em todos os quatro planetas durante um período de tempo relativamente curto. No mapa B, entretanto, a separação entre esses planetas torna fácil visualizar o tempo aproximado que levará para um planeta em trânsito se mover de um planeta para o próximo. Além disso, o mapa B facilita ver os aspectos que os trânsitos estão formando uns com os outros. Trânsitos em oposição, quadratura ou trígono entre si aparecerão exatamente como são, no novo método. No método antigo, a relação entre trânsito era tão difícil de ver quanto as relações entre planetas.

Todas essas razões seriam suficientes para percebermos por que o mapa B mostra uma descrição mais exata e fácil de se ler aquilo que realmente é do que o mapa A. Mas existe uma quinta razão — e mais importante — para usar esse novo método e que tem a ver com as experiências do indivíduo, seu Carma, sua percepção de si mesmo e do universo ao seu redor. Quando as casas estão colocadas no círculo de fora do zodíaco, ao invés de no de dentro, elas estão simbolicamente mostrando doze áreas de experiência de vida que são verdadeiramente externas ao nosso "eu" real. O método antigo de fazer mapas, onde as casas aparecem no círculo de dentro, quase nos leva a acreditar que somos um produto de nossas experiências, em vez do fato de que um indivíduo tem livre-arbítrio dentro de seu Sol para escolher suas experiências. É através do mundo exterior que ele vê as mudanças, as cores e movimentos ao seu redor, mas, como o pintor com sua palheta, ele é livre para molhar o seu pincel, combinar e misturar quaisquer das cores disponíveis para guiar sua própria vida criativa. A pintura, que é o resultado final, não vem das diferentes cores em sua palheta; estas são apenas instrumentos úteis para expressar o que estava dentro dele o tempo todo. Isso pode ser demonstrado de uma maneira muito interessante. Muitas e muitas vezes vemos indivíduos que experimentaram trânsitos através de determinadas casas de seus horóscopos e a partir de nosso conhecimento de Astrologia esperamos determinados tipos de ocorrências sob essas condições, embora o indivíduo não tenha experimentado aquilo que esperávamos. Isso acontece com freqüência suficente para deixar o astrólogo atordoado — finalmente chegando à conclusão de que o efeito astrológico do trânsito estava correto, mas que o indivíduo estava muito fora de harmonia com o universo para percebê-lo. Consideremos o oposto desse pensamento. É possível que alguma coisa em tais indivíduos reconheça um poder interior no "eu", que verdadeiramente transcenda os ventos das mudanças no meio ambiente externo?

Torna-se cada vez mais claro que cada homem é o centro de seu próprio universo. E quanto mais ele responde e reage às forças fora de si mesmo, mais perde a si mesmo nos universos mutáveis dos outros. Não há dúvida de que os planetas exercem muita força; mas, se um homem está lendo um livro e temporariamente perde o fio de seus pensamentos porque se distrai com o barulho de um carro passando na rua (que está muito mais próximo a ele do que os planetas), então precisamos considerar uma nova maneira de compreender as energias planetárias e todo o conceito de Astrologia. Ao fazermos isso, ganhamos uma nova perspectiva que tornará a Astrologia um instrumento melhor através do qual o homem pode crescer.

O homem tem a escolha de ser ele mesmo ou o seu meio ambiente. Os planetas, signos, aspectos e casas simbolizam o meio ambiente da peça que ele escolheu para atuar. Se um indivíduo decide esperar anos por um determinado trânsito para lhe trazer benefícios, o que está fazendo com o resto de seu horóscopo nesse meio tempo? Seu horóscopo o está influenciando, ou ele está aprendendo a harmonizar as energias que este representa para que possa satisfazer o "Aqui" e "Agora" com seu melhor potencial?

A maioria da humanidade está "adormecida" a maior parte do tempo. Toda vez que uma pessoa não está usando o potencial em seu mapa, este a está usando!

O homem deve ser seu próprio criador. Deus lhe deu essa dádiva. De dentro dele emanará aquela parte de Deus que ele pode expressar. Se o homem espera que o universo deixe sua marca nele, então não apenas perde seu "Agora", como se torna uma simples fração da totalidade e riqueza que foi planejada para ele.

A Astrologia é uma linguagem. É um dos caminhos pelos quais o homem pode aprender a juntar suas forças para que não tenha que culpar acontecimentos externos e pessoas por não conseguir ser tudo que pode ser. Muito freqüentemente encontramos pessoas vivendo nas sombras umas das outras, tornando-se apêndices dos egos uns dos outros, por medo de descobrir quem eles são na realidade. E, contudo, é apenas através da autodescoberta, destituído de todos os subterfúgios que a mascaram, que um indivíduo ganha a oportunidade de experimentar a qualidade vívida no "Agora" de sua existência.

Nós não temos Carma com os outros, apenas com nós mesmos. Não temos Carma com o tempo, apenas com o modo como o usamos. Não temos Carma com o espaço, apenas com o modo como o usamos. A vida do homem se eleva ou desce em sua percepção e uso de seu "Agora". É tudo o que ele tem. Se ele for incapaz de usar seu próprio "Agora", então tenta usar outros. Ele vive fora de si mesmo e pode, na verdade, levar felicidade a outros, mas nunca experimentará a felicidade completa dentro de si mesmo. O maior objetivo da Astrologia, então, é ajudar cada indivíduo a entender seu próprio "Agora".

Existe Carma no "Agora", mas é também criado e resolvido no "Agora". Isso acontece milhares de vezes, diariamente, na medida em que um indivíduo tem um pensamento e responde seu próprio pensamento. Com efeito, ele se torna a Lei de Causa e Efeito dentro de si mesmo. Ele é o ator e a audiência, o criador e o observador das luzes, das cores e do cenário. Ele é, na verdade, o "Agora", pois, na realidade, ele é tudo o que está acontecendo. Para que um indivíduo entenda isso, ele deve se confrontar com um fato universal muito simples. *Ou o homem compreende a natureza dos planetas e aprende com agir através de suas energias no "Agora", ou ele é usado pelos planetas para ser qualquer coisa, menos o ator perfeito no centro de sua vida.*

CAPÍTULO 4

OS ASTROS E "O AGORA"

O SOL E O "AGORA"

O Sol simboliza a pura essência da vida. É a força resplandecente que dá luz e vitalidade a tudo em nosso universo. O Sol é a luz de sua vida, e o signo em que cai é a cor específica da expressão de sua vida. É a verdadeira essência da própria presença incluindo sua força, seu poder e a riqueza de seu ser no momento do "Agora". Como o Sol governa o signo de Leão, sendo que uma de suas qualidades é a admiração, existe uma tendência muito poderosa para os indivíduos admirarem e procurarem o brilho do Sol que vêm nas vidas de outras pessoas. Assim, uma pessoa procura melhorar a si mesma aprendendo a usar as disciplinas de Capricórnio através dos Capricornianos que conhece. Ela tenta aprender a justiça de Libra através dos Librianos com quem se relaciona. Através de seus padrões de melhorar a si mesma pela admiração das melhores qualidades que vê nos outros, ela um dia pode conseguir essas qualidades. Entretanto, quando e se o faz, ela terá perdido seu próprio "Agora", pois, em vez de ser o Sol de sua própria existência, ela terá se tornado partes do seu meio ambiente externo, encontrando a si mesma afastada da pura essência de tudo que realmente é.

O Sol é o "eu" solar. É aquela parte de um indivíduo ao redor da qual gira todo o resto. É a sua força vital de vida — e o calor que ele sente ao estar em harmonia com sua própria vibração. Para fazê-lo, ele deve compreender que é seu Sol que o está estimulando para brilhar na luminosidade de seu próprio "Agora". Quem quer que tenha sido um momento atrás, ele não o é mais. O Sol brilhará amanhã, mas o amanhã ainda não está aqui. Assim, a qualquer momento ele pode experimentar a luminosidade total de seu ser, simplesmente sendo ele mesmo.

O Sol nos dá poder, vontade e energia para criar no "Aqui" e "Agora". Se um indivíduo pensa ou vive em demasiados amanhãs

45

ou ontens, ele dispersa seu poder, perdendo a presença vívida do momento do "Agora".

Um aluno me telefonou e perguntou o que eu estava fazendo. Minha resposta foi: "Estou falando com você." Essa é a presença solar do "Agora". Nada mais existe, exceto a luminosidade total que um indivíduo pode expressar.

O Sol irradia, mas não reflete. A luminosidade de estar no "Agora" vem através da irradiação de tudo que podemos sem refletir sobre ações passadas ou futuras, que somente dispersam o poder total de nosso signo do Sol. O Sol diz: "Eu estou aqui, eu sou agora", ou nas palavras de Jesus: "Eu sou aquilo que sou." Não existem dúvidas ou perguntas na expressão do "Agora" através da energia do Sol, pois dúvidas e perguntas são provenientes das concepções do homem sobre passado e futuro. Quanto mais o homem reflete a respeito de si mesmo, de seu meio ambiente e suas circunstâncias, menos ele é capaz de experimentar o poder solar total de seu "Agora". Ele é — e é o bastante para si mesmo. No momento em que um indivíduo começa a perceber quanto poder solar ele tem, na realidade, automaticamente percebe com que facilidade tem dissipado suas energias.

O Sol simboliza a felicidade e a alegria do instinto criativo do homem. Ele é a expressão de sua vontade. Mas, com muita freqüência, os indivíduos tentam incutir sua vontade nos outros. Ao fazê-lo, um indivíduo se afasta de si mesmo, dispersando suas energias naquilo que não é o "Aqui". O desejo de querer coisas faz o mesmo, pois afasta uma pessoa do "Agora". Quando uma pessoa começa a ter contato com seu poder solar, descobre uma fonte inesgotável de fornecimento e proteção. O tédio da vida desaparece e é substituído pela energia vital que cria a realidade vívida do "Agora".

Nenhum signo do zodíaco é realmente melhor ou pior do que outro. Eles são apenas caminhos diferentes para se experimentar o "Agora". Há muito mais a ser dito de nossa energia solar, de cujas raízes pode vir uma feliz aceitação de tudo o que somos. O "Agora" é agora. O "Agora" do Sol é quem eu sou pelo que sou, sem questionar a exatidão de minha reflexão.

O Sol brilha porque brilha. O fato de iluminar os outros planetas no processo é puramente acidental. Ele não se move de um planeta para outro exigindo *feedback* por fazê-lo tão bem. Pelo contrário, ele está fazendo a única coisa que sabe fazer e, portanto, o está fazendo da melhor maneira que conhece.

O "Agora" é o momento, o lugar e a hora mais oportuna na qual o "eu" pode estar. Todos nós já ouvimos a expressão: "Hoje é o primeiro dia do resto de sua vida." Se quisermos viver no "Agora" do nosso Sol, essa afirmação não é exatamente verdadeira. Ela deveria ser: "Hoje é tudo o que existe." A verdade é que alguns indivíduos percebem isso, enquanto outros não separam os criadores vívidos e brilhantes de vida da existência sombria e insípida dos sonhadores. A fim de entender como o Sol pode nos ajudar a estar no "Agora", não é suficente ter aspirações em direções positivas focalizadas em caminhos que levam em direção a tudo o que podemos ser, pois tão positivos quanto esses pensamentos possam parecer, tudo que fazem é tirar uma pessoa do seu "Agora", projetando-a num futuro que é incerto. A força e poder do "Agora" solar vêm da consciência de que ele é tudo que existe! Quando essa percepção é atingida, uma grande unidade ocorre dentro do "eu" e a batalha constante proveniente da admiração de outros finalmente cessa. O indivíduo percebe que ele é — tudo que é! O "Agora" do seu Sol está lhe dizendo: "Não me diga tudo o que você pode ser. Seja agora!" E, enquanto você está sendo novamente, não pense a esse respeito, pois perderá seu estado de ser ao aceitar a admiração, que é um reflexo de seu estado de ser em lugar de seu verdadeiro estado de ser.

O Sol é uma fonte inacreditável de poder e magnetismo. Ele pode purificar a vida inteira de um indivíduo se este estiver disposto a aprender como se unificar com sua própria presença. Toda vez que pergunta aos outros como está se saindo, ele confunde sua presença com as deles, perdendo muito de seu poder de estar no "Agora".

Existe Carma no "Agora", mas é resolvido instantaneamente, pois a velocidade da luz solar governa as ações e reações do homem dentro dele, fundindo-as num fluxo vívido de presença, que é a verdadeira expressão de seu ser divino.

Não existe pessoa que não tenha, uma vez ou outra, sentado e pensado, talvez durante anos, sobre quem ela é. Perplexo e confuso, o labirinto de pensamentos, ações e reflexões continua até que o indivíduo alcance a "Luz do Sol de seu dia". Qualquer que seja o caminho, religião ou atitude que um indivíduo siga, se quiser alcançar a verdade deve finalmente chegar à realização de sua completa unidade com seu signo do Sol. Quando o fizer, seus anos de luta serão reduzidos a três simples palavras — "Eu sou Agora". E, deste dia em diante, sua vida adquirirá uma nuança diferente. Cada dia será um novo começo, pois em todos os momentos ele estará em contato com seu presente e com seu lugar. Os objetos ao seu redor começarão a dançar, cantar e se mover no "Agora" do qual ele começou a fazer parte.

As pessoas procuram constantemente melhorar a si mesmas — lutar por alguma coisa que transcenda o que estão experimentando agora. É por isso que todos os grandes profetas diziam: "Aquilo que você procura, você certamente perderá." Os esforços de anos dedicados à procura podem apenas levar a um lugar — e este é criativamente expressar a nós mesmos somente no momento do "Agora".

Ironicamente, a mais simples das almas está mais em contato com o "Agora" do que aqueles que são oprimidos por muita educação e muitos planos.

Uma fazendeira do Meio-Oeste foi entrevistada num programa de perguntas da televisão. Depois de responder onde morava, o entrevistador lhe perguntou: "Você viveu lá toda sua vida?" A mulher, que já tinha bastante idade, bruscamente respondeu: "Ainda não." Na verdade, ela estava totalmente em contato com o "Agora" de seu Sol. Quanto mais formos capazes de nos relacionarmos com esse conceito, mais fácil se torna nossa vida. O Carma, que é em muito o resultado de ações passadas, existe apenas em pequena quantidade no "Agora". O maior Carma que existe no "Agora" é baseado na disposição de expressarmos nossa energia solar de maneira criativa e produtiva. Ao fazê-lo, os fardos e responsabilidades da vida desaparecem. O indivíduo que, afinal de contas, é apenas um ator é capaz de desempenhar seu papel perfeitamente. Ele é a estrela do seu universo.

Uma das razões para que a maior parte das pessoas ache extremamente difícil ficar no "Agora" do seu Sol é porque em todo lugar existe a tentação de não fazê-lo. Mas aqui, novamente, as sementes da admiração, inveja e desejo por orgulho, acima de outros, os princípios muito antigos dos quais a própria Bíblia falou, impedem que as pessoas percebam o poder total de seu signo de Sol. Vivendo apenas no "Agora", o homem logo descobre que tem mais energia do que consegue usar. Suas atitudes negativas tornam-se virtualmente não-existentes. E os momentos em que sente atritos passam rapidamente, pois ele não permite demorar-se naquilo que não é mais. Mas é necessária muita audácia para viver no brilho do Sol do "Agora", porque isso significa que o homem não tem o apoio de seu futuro ou seu passado para se agarrar. Existe uma estória Zen muito famosa intitulada "A Rua Lamacenta", que descreve adequadamente esse ponto. Dois monges estavam atravessando uma rua lamacenta onde encontraram uma jovem que hesitava em atravessar a rua por medo de sujar suas roupas. Um dos monges levantou-a e carregou-a através da rua lamacenta. O outro monge estava em silêncio. Mais tarde, naquele dia, enquanto os dois jantavam, o monge que ficara em silêncio não conseguia mais guardar seus sentimentos. Ele censurou seu amigo dizendo: "Você sabe que não se espera que monges carreguem lindas jovens." O outro monge ficou em silêncio por um momento e, então, olhando para seu amigo, respondeu: "Eu a coloquei no chão, do outro lado da rua. Por que você ainda a está carregando?"

Aqui vemos um exemplo perfeito de dois amigos ensinados na mesma doutrina, dedicados ao mesmo propósito na vida, mas cada um vivendo um "Agora" diferente. O monge que carregou a jovem através da rua e então colocou-a no chão não fez do incidente mais do que ele era na realidade. Durante o resto da caminhada, ele aproveitou a paisagem, o dia ensolarado. E, mais tarde, saboreou seu jantar, ficou satisfeito com sua resposta para o amigo que o censurou e de todas as maneiras mostrou que era capaz de experimentar o "Agora". O segundo monge talvez viva sua vida sempre entontecido por doutrinas, teorias, regras e medindo forças com os outros. Através de todos os seus estudos ele não manifestou o "Agora".

Nós e nossos companheiros e viajantes pela vida nascemos com signos de Sol diferentes, que nos permitem experimentar o "Agora" de maneiras diferentes. Evidentemente não são as diferentes experiências dos diferentes signos de Sol que moldam nossas vidas, mas, sim, nossa habilidade em aprender como usar da melhor maneira nosso signo de Sol para estar no "Agora". As condições externas estão sempre mudando. Os momentos se transformam em outros momentos, mas o "Agora" não muda, pois ele transcende o amanhã e o ontem, o depois e o antes. O "Agora" do seu signo de Sol está aqui agora mesmo! Não é, como disse Jesus, "o Reino dos Céus está quase ao seu alcance" — na verdade, ele "está ao seu alcance" o tempo todo.

Robert Browning disse: "A ambição do homem deve sempre ultrapassar o seu alcance." Esse é o ponto de vista de tantos que perderam o "Agora" por estarem muito ansiosos para experimentar o que serão no futuro. O surpreendente é que não importa quanto um homem tente estar em seu passado ou seu futuro, o "Agora" continua se impondo até que ele o reconheça. Assim, temos a escolha de permitir que as circunstâncias externas nos forcem a estar no "Agora" ou de irradiar do centro de nosso ser todo o poder criativo que o "Agora" nos proporciona.

Seja seu Sol e seu signo de Sol. Não há absolutamente nada de errado nisso. Na verdade, não há certo ou errado no "Agora". Tudo simplesmente é. E, ao permitir a você mesmo apenas ser, você será capaz de descobrir a vasta plenitude de tudo que você é. Se fizer coisas buscando aprovação dos outros, você perderá sua espontaneidade solar. Além disso, você se encontrará cada vez menos centralizado, enquanto se entrega aos desejos passados e futuros daqueles cuja aceitação você pensa precisar. O "Agora" do Sol pode ser experimentado apenas quando você se aceitar totalmente e então usar essa aceitação para expressar, irradiar e experimentar tudo que descobriu.

Compreender como usar seu Sol para ficar no "Agora" é um processo que requer muito esforço consciente. É por isso que o Carma continua se repetindo toda vez que um indivíduo deixa que a consciência de sua presença solar diminua. Cada momento que ele fica mais em contato com o poder de ser que seu Sol lhe proporciona, a repetição do Carma passado se dissipa mais e mais, pois seu foco de energia fica cada vez mais perto da única realidade que existe — o "Agora".

A LUA E O "AGORA"

A Lua não possui luz própria. Ela somente reflete a luz do Sol. Como tal, ela é um espelho do "eu" solar. Em essência, ela é um reflexo da realidade.

Através da Lua um indivíduo procura compreender seu *alter ego*. Ele tenta ver as impressões que os outros têm a seu respeito, mas toda vez que o faz, ele deixa a si mesmo. Olhando para si mesmo através dos olhos dos outros, fica cada vez mais confuso sobre quem realmente é, pois o espelho está constantemente mudando.

A Lua governa nossa memória. É aqui que o homem pode facilmente enganar a si mesmo, pois o Carma é muito baseado na memória. O que não se lembra verdadeiramente (até inconscientemente) não existe no "Agora". Mas, a constante repetição de fobias, traumas e experiências passadas continua trazendo o passado para o "Agora", que, inversamente, leva o "Agora" de volta para o passado. Se não estivermos conscientes de como isso funciona, torna-se muito fácil experimentar uma espécie de "Agora" variável através de nosso signo da Lua. Esse "Agora" variável pode diminuir muito o poder do Sol. Não se pode andar em diferentes direções ao mesmo tempo com a expectativa de ir a qualquer lugar, chegar a qualquer lugar ou, na verdade, estar totalmente em qualquer lugar. A maioria das pessoas lembra vividamente incidentes que aconteceram vinte ou quarenta anos atrás muito melhor do que lembram de pensamentos e sentimentos que tiveram há dez segundos. Gurdjieff, um dos grandes mestres místicos, enfatizou constantemente o conceito do que ele chamava de "Auto-Recordação". Quantas vezes vemos uma pessoa andar num lugar, chegar no meio do caminho e esquecer por que estava indo naquela direção. Esse tipo de indivíduo não está praticando a "Auto-Recordação". Pelo contrário, ele está usando sua Lua para perambular por aquilo que não mais existe, anuviando o presente. O uso apropriado de nossa Lua é ser capaz de ver o "eu" como ele está acontecendo. Assim, somos capazes de sermos nosso ator (através do Sol) e nossa audiência, produtor, diretor e crítico (através da Lua), tudo ao mesmo tempo.

Não deveríamos tentar memorizar aquilo que pode ser facilmente encontrado num livro. Existe um limite para o que podemos guardar em nossa memória, e quanto mais tentarmos amontoar nesse "depósito", mais nublado se torna o espelho da Lua. Lembre de suas ações quando as estiver realizando. Essa é a chave para estar no "Agora". Quando estiverem terminadas, esqueça-as ou perderá o "Agora". A maioria das pessoas vive uma existência lunar prolongada, pois estão constantemente examinando lembranças que pouco têm a ver com o momento presente. Isso cria hábitos que freqüentemente são muito difíceis de deixar. Não existem hábitos no "Agora", mas, pelo contrário, existe um nascimento diferente de experiência através do qual existe um sentimento de novidade em todo lugar.

Para que o homem seja ele mesmo através do seu Sol, ele precisa ser capaz de ver a si mesmo através de sua Lua. Mas não deve confundir *ver* com *ser*. Muitos indivíduos tentam ser a sua Lua ou reflexo deles mesmos, em vez de serem seu verdadeiro ser. É muito fácil isso acontecer, pois em nosso meio ambiente parece natural tentar agradar aos outros. Assim, usamos nossa Lua para exibir emoções que sentimos esperarem de nós. Sorrimos quando queremos conservar uma amizade e gritamos quando queremos terminar com uma. Mais tarde, examinamos nossas reações lunares para verificar se foram adequadas, nunca percebendo totalmente que elas eram somente um reflexo de como tentamos ver a nós mesmos através dos olhos dos outros.

A Lua nos permite sentir o "Agora". Ela nos coloca em contato com nosso corpo físico, que não é o mesmo de ontem, nem da maneira que poderá ser amanhã. Ela nos dá uma receptividade para o mundo em mudança ao nosso redor e nos estimula a crescer. Nós certamente devemos lembrar o passado (em níveis inconscientes para que possamos sentir que existe uma base para nosso ser), mas devemos sempre perceber instantaneamente que ele não está acontecendo "Agora". A armadilha em que muitos de nós caímos é que, no momento em que lembranças passadas se elevam para a percepção consciente (que o desejo por desenvolvimento parece estimular), tendemos a acreditar que as estamos revivendo. Isso traz o passado para o "Agora" com tal vividez que, na realidade, toma o lugar do "Agora" e perdemos contato com a correta prioridade de tempo. Padrões de reações existentes há muito tempo são profundamente enraizados na Lua. Um indivíduo reage a uma situação em grande parte da mesma maneira que sempre reagiu a situações semelhantes no passado. Ao fazê-lo, ele nunca percebe totalmente que a situação presente é tudo que existe no "Agora", cuja única relação com o passado é freqüentemente o que ele faz. A Astrologia não gosta de acreditar na palavra "coincidência". Essa palavra coloca uma falha no quebra-cabeça perfeito que a Astrologia está tentando resolver. Tudo no universo é organizado de acordo com uma ou outra lei cósmica. Mas, para compreendermos a realidade, primeiro precisamos nos confrontar com o fato de que uma das leis cósmicas é a Lei da Desordem. Sempre que alguma coisa existe, alguma coisa também não existe.

Aonde quer que haja perfeição, há imperfeição; aonde quer que haja ordem, há desordem. E aonde quer que haja um quebra-cabeça perfeito, há coincidência! Essa é a realidade verdadeira do universo em que vivemos. Para cada caminho no qual a Astrologia atua, ela não atua. E isso é o que a torna tão intrigante. Para cada signo de Lua que tenha um significado específico existem pelo menos outros milhares de significados. Como, então, um indivíduo pode desenvolver seu sistema de crença em qualquer coisa, se a própria crença (que é muito influenciada pela Lua) é e não é dois lados da mesma realidade? Aquilo que um homem acredita ser verdade, baseado em seus sentimentos, torna-se a verdade para ele. É uma verdade em que se pode acreditar o fato de você estar lendo esta frase agora mesmo. Mas em um momento, a partir de agora, isso não será verdade. Assim, o sistema de crença de um indivíduo, baseado em como ele usa sua Lua, deve ser fluido e mudar com o sempre-presente "Agora", em vez de fixo ou ligado a lembranças passadas e, então, tentar convenientemente adaptar o presente naquilo que uma vez foi confortável.

O reflexo de um homem, como visto através de sua Lua, está sempre mudando. Um dia ele olha no espelho e gosta de si mesmo. Uma hora mais tarde ele se olha no espelho e não gosta. Então, ele luta consigo mesmo para tentar voltar para os caminhos em que se viu e gostou de si mesmo. A Lua rege o crescimento; mas devemos cortar os galhos de uma árvore para que ela conserve sua aparência como quando a vimos da última vez e gostamos, ou devemos permitir que a árvore cresça e floresça e se realize até seu potencial final?

Quanto mais o homem se olhar através de sua Lua, mais ele perceberá essas mudanças constantes. Elas não acontecem hora a hora ou dia a dia, mas, na realidade, de momento a momento, e cada momento é um "Agora" que é muito real; não para ser lançado no contexto daquilo que o homem pensava ser no passado, mas para ser vivenciado na riqueza total e vívida do presente.

O homem se movimenta através do tempo ou permanece parado no tempo de acordo com sua própria escolha. Ele pode emocionalmente bloquear seu presente com fardos do passado que não existem mais ou pode permitir a si mesmo fluir com a corrente do seu presente que sempre se transforma. A Lua lhe dá essa escolha. Naturalmente, é mais fácil reviver constantemente o passado porque em cada nova situação o indivíduo continuará a reagir das maneiras que lhe são familiares. Assim, ele se sente um pouco centralizado; ou talvez, para ser mais exato, mais familiarizado com o "eu" que conhece. Mas esse autêntico desejo de se familiarizar consigo mesmo afasta uma pessoa da realização do "eu" cósmico, que não apenas está sempre mudando, mas é a todo momento uma parte de tudo. Esse é o verdadeiro sentimento do "Agora". É uma das coisas mais inacreditáveis que uma pessoa pode realizar, pois no momento em que o fizer, ele se torna despido de seu útero lunar e nasce para uma nova realidade. Ele não é mais simplesmente um observador do mundo ao seu redor. Pelo contrário, ele é o mundo ao seu redor. Ele começa a perceber o quanto magoa quando magoa outra pessoa. Começa a sentir a dor, o sofrimento, a tristeza, a angústia, o desespero, a alegria, a felicidade, a excitação e a beleza de tudo que está ao seu redor. Conhece a sensação das condições do tempo, e seu corpo se curva e flui com tais mudanças, como as árvores, as flores e o resto da natureza da qual ele se tornou uma parte.

A Lua nos ensina que nenhum homem é uma ilha, mas que cada emoção sentida é parte de uma corrente cósmica na qual o "eu" individual está flutuando. Às vezes há pequenas ondulações na água, ou ondas altas. E outras vezes as águas estão calmas e límpidas. A corrente de emoções, contudo, nunca é a criação de um homem sozinho. A crença de que temos controle sobre nossas vidas emocionais é uma falácia completa e é dessa falácia que a maior parte da infelicidade do homem se origina, pois ele está constantemente tentando ter controle sobre si mesmo. Ele procura estabelecer uma corrente de emoções dentro de si mesmo com a qual possa contar, quando quiser, para trabalhar para si com o objetivo de alcançar os fins desejados. Mas os fins são baseados nos meios, e os meios de uma corrente vêm da criação mútua de cada gota de água que existe nela. No momento em que o homem perceber isso, desiste das batalhas emocionais dentro de si mesmo para ganhar a guerra. Enquanto olha para si mesmo, ele percebe que nem tudo é sua culpa e nem tudo não é. Ele pára de tentar se defender dos outros que afetam suas emoções, pois quanto mais tenta fazê-lo, mais continua zangado com seu passado e perde seu "Agora". Pelo contrário, ele enfrenta a realidade de que os outros podem ter um efeito forte em suas emoções, mas, olhando também para o inverso, pode descobrir o quanto ele afeta as emoções dos outros. Assim, em vez de passar sua vida emocional tentando separar quem está invadindo quem, ele aprende a aceitar a si mesmo e aos outros como parte de uma corrente cósmica que está sempre se transformando no "Agora".

O homem que não se lembra do ontem é verdadeiramente afortunado, pois é abençoado com a habilidade de viver a gama total de suas emoções hoje. Ele não verá um reflexo de si mesmo, verá muitos. E nenhum é mais verdadeiro ou falso do que o outro. Ele é capaz de parar a competição emocional com os outros, substituindo-a pela aceitação de como é fácil se harmonizar com todas as coisas a que está exposto. Ele aprende que alguns reflexos de si mesmo parecem mais desejáveis do que outros, mas não se esquece nunca que eles são apenas reflexos, algumas vezes claros, algumas vezes distorcidos, outras vezes vagos e abstratos, e outras, diretos ao que interessa. Entretanto, para viver a riqueza total do "Agora", ele precisa entender que o "eu" que é sua verdadeira realidade é seu Sol, não sua Lua.

A maioria das pessoas tenta passar toda sua vida tentando encontrar uma igualdade entre seu Sol e sua Lua. Mesmo em horóscopos onde o Sol e a Lua aparecem no mesmo signo do zodíaco, o desejo de identificar um com o outro pode afastar uma pessoa da sua experiência do "Agora". O Sol completa seu ciclo uma vez por ano. A Lua, por sua vez, leva apenas vinte e oito dias. Num único dia o Sol permanece aproximadamente no mesmo grau. Enquanto isso, a Lua se move mais ou menos doze graus. Se o "Agora", para qualquer pessoa, pode ser considerado como um dia, veja a diferença entre o "Agora" solar e o "Agora" lunar. Existe uma igualdade na qualidade do Sol, enquanto a Lua se move pelo menos através de doze diferentes graus de experiência emocional num único dia. Doze é um número muito místico, simbolizando satisfação e inteireza. E aqui o homem precisa perceber que satisfação e inteireza não são necessariamente baseadas na conservação da igualdade, mas, pelo contrário, na experiência do fluxo cósmico de mudança, que faz um homem ver a si mesmo como doze diferentes homens num único dia. Ele é bom, mau, avarento, generoso, adorável, detestável, abençoado, condenado e redimido. Ele é todas essas coisas num único dia. No aqui e "Agora" cósmico que você está atravessando de palavra a palavra nesta frase, ele é todas essas coisas num único momento.

É a aceitação desse verdadeiro reflexo do homem, através de seu espelho lunar, que pode levá-lo à harmonia Cármica emocional consigo mesmo e com seu universo.

Um grande professor disse certa vez: "Todos os homens são loucos", pois a mutabilidade de sua natureza emocional mostra que eles, na verdade, não defendem nada. Essa é a parte emocional do homem, algumas vezes instintiva e freqüentemente um espelho de seu meio ambiente externo. É o modo como ele flui através da corrente da consciência do seu "Agora". Mas, sempre, é importante lembrar que, enquanto tudo muda (através de nosso signo de Lua), nada muda no "Agora" do nosso "Eu" Eterno.

Conhecer os outros é sabedoria. Conhecer o "eu" é o verdadeiro esclarecimento. A maioria dos indivíduos usa seus signos de Lua para serem receptivos aos sentimentos que obtêm como resultado do *feedback* através dos outros. Eles tentam ver a si mesmos emocionalmente através dos olhos de outras pessoas, esperando que cada nova pessoa lhes revele outra faceta do "eu" que eles não conseguem ver. Com efeito, o que eles estão fazendo é pedir a outros indivíduos para apresentá-los a si mesmos, para que a meta final de auto-aceitação possa ser alcançada um dia. É assim que funciona o mecanismo de "encontrar o 'eu' ", mas devemos entender que, enquanto estamos passando pelo processo de encontrar a nós mesmos, não estamos *sendo* nós mesmos. Pelo contrário, o indivíduo está dividido entre quem ele é a quem ele parece ser aos olhos dos outros.

A Lua tem muito a ver com a imagem pública; e quer sejamos famosos, tendo um público de milhões, ou o que poderíamos considerar mais na média, com um público menor, composto de amigos, parentes e conhecidos, a preocupação com nossa imagem refletiva é, entretanto, um afastamento de uma unidade de ser.

Essa unidade de ser é alcançada quando as emoções (regidas pela Lua) se elevam a partir do "eu", em vez de circunstâncias externas, pessoas e o meio ambiente que o "eu" observa. Olhar para o nosso ser através dos olhos de outros é dar uma falsa interpretação à nossa visão, através da percepção deles. Sejam quais forem as imperfeições emocionais ou psicológicas que o outro indivíduo tenha (e eles não seriam humanos se não as tivessem), elas sempre anuviarão e distorcerão o modo como o indivíduo vê por si mesmo. No momento em que ele percebe que essas percepções exteriores de si mesmo, no mundo sempre em transformação ao seu redor, não são verdadeiramente seu aqui e "Agora", ele pode ficar em maior harmonia com sua verdadeira natureza. Uma folha numa árvore está exposta às mudanças do tempo, mas as condições de tempo que estão sempre mudando não são a folha. Assim, "lembrar do 'eu' ", como foi tão enfatizado por Gurdjieff, Ouspensky e outros, é a chave principal para o "Agora". Identificar-se com seu Sol em vez de com sua Lua impedirá que um indivíduo perca o "eu" no meio ambiente sempre em mudança, ao qual está exposto. Nós devemos experimentar nosso meio ambiente bem como nosso lugar nele. Mas estaremos gastando toneladas de energia emocional que poderiam ser usadas para expressar criatividade ao levarmos um momento para o próximo. Quando isso é feito, cada momento seguinte torna-se apenas um eco do tempo que já passou. Assim, a fresca, vívida novidade do "Agora" é perdida por se relacionar emocionalmente cada novo momento com padrões do passado.

Para a maioria das pessoas, a reação inicial ao viver no "Agora" é sentir muito medo. Isso acontece porque as âncoras de segurança que colocamos no passado e no futuro não mais existem. Começamos a sentir ou uma solidão ou uma esparação do nosso "eu" anterior. É aqui que a beleza do "Agora" começa. Se os hábitos programados do passado não existem mais e não temos mais que lidar com as dúvidas que tínhamos com respeito a viver de acordo com nossas expectativas no futuro, então o que faremos com esse grande vazio, nesse lugar muito especial onde passado e futuro se encontram e se dissolvem um ao outro?

Primeiro, sentimos uma desintegração do ego. Razões passadas que motivavam o "eu" não existem mais. O desejo pelo futuro obtido por conquista ou realização também não existe mais. Assim, o que um indivíduo faz consigo mesmo? No começo ele sente-se como se estivesse num estado de limbo. Não estando nos lugares e tempos com os quais estava acostumado, ele deve olhar para si mesmo através de sua Lua em níveis mais realísticos. Seu trabalho, seja qual for, não pode mais ter o propósito de agradar aos outros. O modo como passa seu dia não pode mais ser para a construção de seu amanhã. Um entorpecimento emocional deve ser enfrentado, pois o "Agora" não é nem estimulado nem consumido pelo passado ou pelo futuro. Assim, o indivíduo precisa aprender como estimular e motivar a si mesmo a partir de dentro. Ele precisa aprender como se unir com suas próprias emoções, pois apenas quando isso for feito ele pode parar de se exaurir e tornar-se um só com aquilo que está sendo e sentindo no momento presente. O vazio que se experimenta a princípio, quando confrontando o "Agora", embora inicialmente provoque conflitos exteriores juntamente com uma gama de reações emocionais, é, surpreendentemente, a única solução para esses conflitos. Cada conflito que surge na mente é resolvido quase que com a velocidade da luz, pois demorar nele ou voltar a ele significa perder o "Agora". O conflito não é criado dentro do indivíduo, a menos que a mente já saiba a solução. Assim, enfrentar o "Agora" significa aceitar o fato de que muitos dos conflitos do homem são a sua maneira de evitar a experiência do "Agora". Quando a Lua é usada negativamente, um indivíduo pode passar todo o tempo de sua vida lamentando sobre todas as coisas que poderia ser e fazer, mas que de algum modo nunca consegue. Quando a Lua é usada positivamente, a expressão do "eu" (seu ser) de um indivíduo e seu reflexo encontram-se em harmonia.

Ele logo descobre que tem muito tempo em suas mãos, enquanto simultaneamente compreende que todo um mundo de experiência está aberto para ele. Isso também é amedrontador, pois ele mal sabe o que fazer consigo mesmo no espaço enorme daquilo que descobriu. A princípio é difícil ver a luz, porque uma vez que o indivíduo tenha harmonizado ambos os astros, ele se torna sua própria luz. A partir desse ponto, depende dele irradiar e refletir simultaneamente a si mesmo, através de si mesmo, para a expressão do seu ser no "Agora".

CAPÍTULO 5

OS PLANETAS INTERIORES E "O AGORA"

MERCÚRIO E O "AGORA"

Mercúrio é o planeta da presença. Ele simboliza a energia de todo pensamento surgindo na mente consciente. No decorrer de um único dia, milhares de pensamentos fluem através de nossa consciência. Mercúrio é o filtro de alta qualidade, através do qual somos capazes de rejeitar ou aceitar os pensamentos que podem influir no "Agora".

Quando um indivíduo não está usando seu Mercúrio adequadamente, ele tende a se dispersar em diferentes direções que lhe roubam seu senso de presença. Existe uma qualidade direta em Mercúrio que leva o pensamento ao objetivo, fazendo com que o indivíduo possa expressar idéias para os outros e para si mesmo com uma nítida clareza de entendimento. Mercúrio rege tudo que é mundano, as mesmas coisas que os aspirantes espirituais tentam evitar. Mas não existe nada mais espiritual do que estar em contato com o mundano, fazendo, agindo, pensando claramente o tempo todo para que todo nosso ser nunca perca seu foco na experiência do "Agora". Sendo o planeta da comunicação, a maior mensagem de Mercúrio é que uma vez que as palavras são expressas, elas não são mais nossas. Tiramos o pensamento do nosso "Agora" e o damos para outro. Se tentarmos nos agarrar a tais pensamentos depois de expressá-los, automaticamente continuaremos afundando na consciência de outras pessoas. Assim, expressar um pensamento ou uma idéia e seguir essa idéia através da mente dos outros para que eles entendam do modo que queremos que entendam é o caminho mais fácil e mais sutil para perdermos o nosso "Agora". Quando compreendermos que uma vez que expressamos um pensamento, ele não mais nos pertence, então haverá espaço para que um novo pensamento surja no lugar do anterior, que já demos.

Devido à sua insistência na precisão, exatidão e definição, Mercúrio é o equilíbrio perfeito para Netuno. Se um indivíduo está confuso ou deprimido e não tem consciência do que está provocando isso e, pelo contrário, continua se afundando mais ao tentar encontrar as causas, o melhor caminho de volta à realidade é através de seu Mercúrio. Ele precisa forçar a si mesmo para se levantar e desenvolver um interesse em todos os pensamentos e atividades mundanas que possam preencher o seu dia. Surpreendentemente, tão logo ele o faça, a confusão ou depressão parecem se dissipar. Mercúrio é um planeta de constante atividade e é através da concentração de suas atividades que um indivíduo é capaz de se concentrar em tudo que é e em tudo que está fazendo no aqui e "Agora". De natureza não-emocional, Mercúrio não permite que a mente vagueie. Pelo contrário, seu constante curso de pensamento perpetua um indivíduo para expressar sua presença vívida a cada momento. Você perceberá o enorme senso de presença que Gêmeos e Virgem têm (ambos regidos por Mercúrio) em sua habilidade para lidar conscientemente com muitas coisas ao mesmo tempo. Esses dois signos se recusam a cair no "sono místico" — o mundo de sonho proveniente de tudo o que nos afasta da realidade de nossa presença.

Quando pensamentos sexuais nos desviam de nosso centro, a qualidade assexual de Mercúrio pode ajudar um indivíduo a se concentrar novamente de modo que suas energias sejam mentalmente dirigidas ao seu "Agora", em vez de se dissiparem através de impulsos primitivos de expectativa no futuro ou recordações de um passado que não existe mais.

Mercúrio é o planeta de ação, e tão logo alguma coisa esteja feita, então está feita. O pensamento ou ato já está no passado. Através da compreensão de como usar Mercúrio, um indivíduo aprende a atuar com a melhor eficiência, percebendo aptidões que nunca pensou ter. Em muitos locais de trabalho já vimos o aviso: "Se você não tem nada para fazer, não o faça aqui." Essa é uma outra maneira de dizer que há muito a ser feito no momento presente — tanto, na verdade, que qualquer lapso na concentração levará um indivíduo para longe de si mesmo. Os pensamentos seguem um ao outro como ovelhas seguindo o pastor. As ovelhas não estão conscientes do motivo de estarem seguindo o pastor, mas o pastor está consciente de cada ovelha em seu rebanho. Mercúrio é o pastor de nossos pensamentos. Ele pode acalmar o inconsciente através da razão e da lógica. Ele pode abrandar as emoções por levá-las para o aqui e "Agora". Como regente dos cinco sentidos, Mercúrio se torna de importância fundamental quando lidamos com problemas de percepção. Tudo que um indivíduo percebe, ele precisa de algum modo lidar com isso. Aquilo que um indivíduo não percebe, não precisa lidar. Assim, se um indivíduo forma sua mente consciente, regida por Mercúrio, para viver no "Agora", então sua percepção ficará cada vez mais concentrada no momento e, pouco a pouco, tudo o que está fora do' seu "Agora" começará a tomar a distância adequada fora de sua percepção consciente.

Muitos indivíduos acreditam que se tornar consciente de tudo seja uma meta espiritual. Isso é absurdo. Somente Deus em toda Sua sabedoria pode ser consciente de tudo. Os esforços do homem para tal insensatez podem apenas levá-lo para longe de si mesmo. Mercúrio é o planeta da compreensão. Algumas pessoas estão constantemente tentando compreender os outros e usar suas percepções para se concentrarem nas vidas de outras pessoas. Não há dúvida que compreender os outros seja sabedoria. Mas, como mencionado anteriormente, permanece o fato de que compreender o Ser é esclarecimento. E existe uma grande diferença entre sabedoria e esclarecimento. Além disso, o caminho que leva à sabedoria não é o mesmo que leva ao esclarecimento. Na história do mundo houve muitos homens sábios, mas muito poucas almas esclarecidas.

O esclarecimento pessoal que Mercúrio pode oferecer não vem da preocupação com os problemas dos outros, mas, sim, da focalização de toda nossa atenção consciente no que está acontecendo em nossa própria experiência pessoal do "Agora".

Você não pode mudar os pensamentos dos outros, pois eles resistirão a você. Mas, certamente, pode ser o pastor do seu próprio rebanho. Por suas qualidades infantis, Mercúrio não questiona o futuro distante nem lamenta os erros do passado. Mesmo as viagens mentais são curtas e rápidas, nunca perdendo de vista como é "o lar". Assim, um indivíduo pode usar seu Mercúrio como um mecanismo centralizador para todos os níveis de pensamento. Quando se encontrar indo muito fundo nos mistérios do universo e se perguntar se jamais será capaz de encontrar seu caminho de volta, ele pode usar seu Mercúrio para lavar um prato, limpar um quarto, molhar suas plantas, ou olhar cartões na papelaria. Mercúrio é o planeta de estar em contato com a realidade clara, bem definida, vívida do "Agora".

Todos nós, de tempos em tempos, temos tendência a sonhar acordados e vagar por lugares e épocas que não são parte do "Agora". Quanto mais fazemos isso, mais descontentes ficamos com o que estamos experimentando "Agora". Assim, começamos a acreditar nas pastagens mais verdes das vidas de outras pessoas. Esse tipo de perambulação é o começo de pensamentos negativos, e pensamentos negativos são o começo de Carma negativo. Precisamos nos tornar conscientes de nosso pensamento a fim de vermos quão facilmente ele nos mantém centralizados ou nos leva para longe de nosso caminho.

Como o planeta da comunicação mundana, pense nos trabalhos de Mercúrio no exemplo seguinte. Um indivíduo toca a sua campainha e diz: "Olá, como vai você?". Você sorri e responde: "Bem, e você, como vai?". Noventa e nove por cento das vezes, a próxima pergunta do seu amigo será: "COMO TEM ESTADO?". No momento em que você considera se é uma pergunta digna de resposta, você perdeu o "Agora". Mas, por sua permanência na realidade do seu "Agora", o indivíduo com quem você está falando está sempre respondendo a toda pergunta que ele faz.

Quando Mercúrio é usado dessa maneira, sua qualidade mais positiva — eficiência — torna-se bem visível. A verdade é que as pessoas realmente têm poucas coisas importantes para dizerem umas às outras. Elas constantemente vão para seu passado e para as qualidades desconhecidas de seu futuro para definirem sua experiência do "Agora". Isso acontece porque constantemente perdem o "Agora" ao se recusarem a ser o pastor do seu rebanho de pensamentos conscientes. A coisa mais fascinante ao se compreender o alcance do "Agora" é que, apesar de sua grandeza, ele é suficientemente pequeno para que um indivíduo se concentre verdadeiramente no tempo e no espaço. Uma vez que aprenda a conduzir o curso dos seus pensamentos, prestando muita atenção a cada ovelha em seu rebanho, ele é capaz de ver claramente como o uso da linguagem provoca manipulações Cármicas.

Um dos maiores problemas que a maioria dos indivíduos têm, no que diz respeito a estabelecer sua própria paz e tranqüilidade interior, vem do uso incorreto da função combinada da Lua e de Mercúrio. Através da memória e de padrões de hábitos, estabelecidos no passado (a Lua), eles construíram dentro de si mesmos um tipo de processo de dígitos emocional-mental. Esse processo funciona da seguinte maneira: quando um indivíduo se confronta com qualquer estímulo exterior, ele o alimenta através de seu computador mental-emocional; e como é programado da maneira que sempre foi, os pequenos dígitos naquele computador (Mercúrio) ou sua seqüência matemática pessoal de processos de pensamentos provocam a mesma reação ao estímulo. Assim, enquanto um indivíduo usar esse tipo de processo de digitação mental-emocional em sua vida diária, ele continuará a reagir a cada novo estímulo da mesma maneira que sempre reagiu a eles no passado. O que ele está fazendo? Ele está pegando o "Agora" e fazendo-o ajustar-se às suas expectativas passadas. Ele está usando um velho computador tentando resolver novos problemas para os quais ainda não foi programado. Ele está, na verdade, pegando o "Agora" e deformando-o através de todas as experiências que teve no passado. É a partir desse tipo de padrões de reação mental-emocional que o homem não somente perde o "Agora" como também se ilude pensando e acreditando que controlou seu passado e que pode continuar a fazer o mesmo no presente. A maior parte desses padrões deixam-no literalmente destruído no que diz respeito a lidar com suas circunstâncias ambientais.

No momento em que um indivíduo é capaz de ver seu próprio processo de digitação e de controlá-lo, todo seu sistema nervoso começa a se tranqüilizar. Ao mesmo tempo, seus processos mentais ficam livres para se concentrarem em coisas mais superiores.

Mercúrio é o planeta das relações. Nesse sentido, ele não apenas rege relações entre pessoas e coisas, mas também relações causais e espaciais. Quando causa e efeito são vistos claramente através de Mercúrio no "Agora", o indivíduo é capaz de desenvolver um senso de perspectiva apurado, através do qual causa e efeito, tempo e espaço são claramente definidos. Clareza de percepção é uma das maiores dádivas que o homem possui, pois, sem ela, não pode definir a si mesmo ou sua relação com o universo em que vive. Assim, torna-se importante para uma pessoa aprender que Mercúrio, que rege seu intelecto, suas percepções, suas reações digitais e seu estado geral de mente, cria e resolve o Carma através de cada palavra que fala e cada pensamento que tem, bem como dos que ouve.

É através de Mercúrio que somos capazes de aceitar nossa própria pequenez, comparada à vastidão de um universo do qual sabemos tão pouco. O *Tao Tse Ching* afirma: "Aquele que fica na ponta dos pés, não está firme." A principal função de Mercúrio é não projetar pensamentos no futuro nem em outros lugares ou computadorizar nossas percepções a fim de criar opiniões críticas ou atitudes intolerantes. Quando usado adequadamente, Mercúrio nos permite simplesmente atuar no aqui e "Agora". A humanidade sempre tende a tornar o simples em muito complexo e, então, se vê confrontada com o problema de levar o complexo de volta para o simples. Em sua simplicidade infantil, Mercúrio é mais bem usado quando um indivíduo está fazendo tudo que pode para atuar com o melhor de sua habilidade "Agora" mesmo. Mas, aqui, devemos estar conscientes de que o pensamento Mercuriano acontece tão rápido que podemos nos induzir a não ver o "Agora" por tentar associar o que você está lendo "Agora" com o que você possa ter lido algumas páginas atrás. O constante jogo mental é: "Mas como vou me lembrar?". Ao tentar lembrar o passado a fim de ampliar o presente você não está compreendendo o que está ocorrendo "Agora". Na verdade, isso o levaria a pensamentos como: "E eu sempre pensei...". "Agora" veja para onde isso leva! Repare quão longe do "Agora" você ficou em apenas uma fração de segundo.

O interesse no "Agora" é uma das melhores qualidades de Mercúrio. Ele mantém um indivíduo em harmonia com um presente sempre acontecendo. E lembre-se que ele é o regente de Gêmeos e

Virgem, ambos os signos mutáveis. Isso é mais uma indicação do fato de que o "Agora" está mudando no momento. Assim, nosso melhor método para estar no "Agora" é compreender que estamos constantemente mudando junto com ele. Isso não significa que devemos ser excessivamente sensíveis às mudanças em nosso meio ambiente externo, pois é o "Agora" dentro do Ser que está constantemente mudando. E quando você realmente pensa nisso, o que pode ser mais importante para um indivíduo do que a aceitação da sua relação consigo mesmo dentro do seu "Agora" que está sempre mudando?

VÊNUS E O "AGORA"

Sendo o planeta do amor e harmonia, Vênus trabalha melhor para o indivíduo que é capaz de ver beleza em todas as coisas. Quando somos capazes disso, não há necessidade de deixar o Ser demorar-se em grandes amores do passado ou belos momentos que há muito já passaram. Porque, em essência, a total abundância de beleza está no "Agora". Vênus é o planeta da satisfação e da gratidão. Em sua simplicidade ilimitada, ele rege o equilíbrio da natureza. No decorrer de um único dia é quase impossível não passar por uma árvore, um caminho de grama, uma planta, uma pintura, ou ouvir música ou um poema, ou ver um sorriso. Existe beleza em toda parte, bastando apenas abrirmos os olhos e nossos sentidos para ela. Existe beleza em máquinas, calçadas, automóveis etc. Há um caleidoscópio vivo de cores surgindo a cada momento. Nossos sentidos, nossos corpos e nossas mentes não podem deixar de absorvê-lo constantemente.

Ao mesmo tempo existe grande beleza, harmonia e amor dentro de cada um de nós, basta apenas permitirmos que eles venham à tona. A suave, gentil vibração de Vênus faz parte da experiência do "Agora". Pense num indivíduo indo a uma loja para comprar algumas camisas. Ele caminha para a prateleira, encontra as camisas que são do seu tamanho, rapidamente escolhe três de cores diferentes, paga por elas no caixa e deixa a loja. Ele executou uma tarefa que sabia ser necessária. No futuro, ele vestirá essas camisas em horas diferentes, de acordo com a mesma atitude que teve quando as comprou. Elas são uma necessidade e ele não pensará mais a esse respeito. Esse tipo de indivíduo não está totalmente em contato com a vibração de Vênus no "Agora". Se estivesse, ele teria caminhado para a prateleira de camisas, escolhido uma que o agradasse, e, com ela nas mãos, perguntaria a si mesmo: "Eu realmente gosto desta camisa?", "Eu realmente aprecio a maneira como esta camisa toca meu corpo tanto quanto gosto dos braços de uma mulher que amo fazendo a mesma coisa?", "Esta camisa faz com que eu me ame?", "Esta camisa me ama?". Ao ter todos esses sentimentos e ao se decidir por comprar a camisa baseada em tais sentimentos, não somente a pessoa experimenta a riqueza total do "Agora" no presente, como também imagina como serão seus futuros "Agoras" toda vez que vestir aquela camisa. Assim, o modo como reage agora com uma coisa tão simples como comprar uma camisa, cria tanto o Carma presente como o futuro. Mas não vamos nem pensar no futuro, pois ele ainda não está aqui. Pensemos na alegria do "Agora". A simples compra de qualquer coisa, o que fazemos todo dia, pode ser uma tarefa ou um grande ato de amor. O próprio ar literalmente respira amor a todo momento. Ele enche os pulmões e o corpo com a suave essência da harmonia. Há uma delicadeza que flui dentro de nosso ser, que suaviza os padrões de pensamentos e acalma a turbulência do inconsciente, se estivermos dispostos a nos permitir a experiência da delicada harmonia de Vênus. Quando você olhar para um simples cartão de felicitações, não olhe apenas — pois assim a mente está de algum modo lhe dizendo silenciosamente que é apenas um cartão de felicitações; não muito diferente de milhões de outros que você viu no passado. Pelo contrário, sinta a textura do papel. Quando você o fizer, ele se torna o único cartão de felicitações no seu "Agora"; olhe para as cores do cartão — a beleza da arte-final e a poesia, e deixe que isso traga um sorriso aos seus lábios, uma vez que você e o cartão são tudo o que existe ao experimentar a vibração de Vênus no "Agora". Uma vez que tenha decidido comprar o cartão, não se demore nisso, pois o "Agora" já passou e há muito mais beleza, harmonia e felicidade que você pode perder facilmente ao viver um momento que, por mais bonito que tenha sido, não existe mais!

Ande pela sua sala e olhe para os objetos que lá estão. Veja-os como se você os visse pela primeira vez. Essas são as coisas que você ama. E você as ama profundamente. Se houver objetos em sua sala pelos quais você não sinta isso, jogue-os fora *agora mesmo*, pois toda vez que você os percebe, está percebendo algo menos do que amor. Uma vez que existe uma forte tendência a nos identificarmos momentaneamente com nossas percepções, por que cada objeto que lhe pertence não poderia ser aquilo que você mais ama? Vênus rege os bens. Amando aquilo que você tem a todo momento, uma grande paz começa a se desenvolver em seu interior, pois você está criando um Carma de satisfação. Entretanto, esse Carma de satisfação não é aquele para o qual estamos trabalhando com respeito ao futuro. Pois, novamente, não podemos pretender conhecer o futuro. Pelo contrário, a satisfação é "Agora".

Faça aquilo que gosta, não faça o que não gosta. Desse modo você fica em harmonia consigo mesmo.

Na Oração de Desiderata existe uma linha que diz: "Nunca finja afeição." Existe uma poderosa razão para isso. Todos nós, de uma maneira ou outra, já fomos magoados no passado. Dizem que o tempo cura todas as feridas; isso está muito longe de ser verdade, pois o mundo está cheio de milhões de pessoas que foram magoadas há muitos e muitos anos e, quer elas gostem de mostrá-lo ou não, ainda estão feridas! A verdadeira cura de todas as feridas é o amor no "Agora", onde não existe tempo. Quando amamos, as mágoas do passado desaparecem milagrosamente. Mas precisa ser amor no "Agora", pois no momento em que um indivíduo tenta proteger a segurança futura do amor que está sentindo, ele está automática e inconscientemente relacionando-a às suas inseguranças passadas. O amor é "Agora". O amor é aqui. Aceite-o!

Quando Jesus veio à Terra e disse: "O Reino dos Céus está perto do alcance", ele escolheu suas palavras muito habilmente. Num nível ele quis dizer que o Reino estava lá então e para aqueles que o tocassem, o Reino instantaneamente se tornaria seu "Agora". Mas ele não quis ameaçar os que temiam e duvidavam e os cínicos que destruiriam tudo que era bom. Assim, ao usar a palavra "perto", em vez de "aqui", ele permitiu que aqueles que podiam saber, soubessem, e os que não podiam saber, continuassem pensando "Quão perto é perto? Quando, onde etc.", até que suficientes pensamentos e sentimentos acumulados os levassem para longe de Jesus, permitindo-lhe fazer seu trabalho no "Agora". Precisamente hoje existe um Deus vivo em todas as coisas. Mas apenas os que amam sabem disso. Você já reparou que quando as pessoas estão apaixonadas seus cabelos brilham, seus olhos cintilam, suas faces são coradas e seus corpos são sadios, com força e vitalidade? Mas amor não é somente o amor de outra pessoa. É o amor da vida em todas as suas formas. É a habilidade de se ver beleza e significado em todas as coisas.

A maioria de nós procura amor fora do "Agora", e, contudo, nunca podemos vê-lo quando o temos. Pensamos que talvez experimentemos amor no futuro, mas não sabemos como ficar em contato com ele em todos os momentos. Se você tem um jogo de copos com desenhos, pegue um agora mesmo e olhe para ele. Algum artista que você nunca encontrou fez esse desenho e deu-o a você. Todo seu significado, cores e sentimento são seus "Agora" mesmo. Quantas vezes, durante um dia, você realmente escutou o chamado dos pássaros? O travesseiro no qual dorme todas as noites, que amacia todos os seus pensamentos e o acalma — é apenas um travesseiro ou é algo muito especial para você? Se você fuma um cigarro ou toma um drinque, está fazendo isso por hábito, por nervosismo ou porque "Agora" é verdadeiramente o que você gosta de fazer? Quanto mais você fizer a si mesmo esse tipo de pergunta mais perceberá como é fácil estar fora de contato com o amor no "Agora".

O que você fez hoje para amar a você mesmo? Mesmo as tarefas mais mundanas deveriam ser como uma brincadeira a fim de experimentar a vibração do amor. A maioria das pessoas tende a supor que elas são mais delicadas, sensíveis e amorosas interiormente do que os outros. Assim, os outros podem magoá-las. Mas elas nunca param a fim de considerar o contrário. Será que os outros não têm uma delicadeza, uma ternura, uma suavidade dentro deles e que os faz temer você? Para experimentar o amor no "Agora" um indivíduo precisa literalmente derrubar suas falsas barreiras, pois Vênus não é um planeta de paredes. Pelo contrário, é um modo de ser, uma maneira de ver que a vida é amor. A beleza do "Agora" é o nosso próprio prazer pessoal em ser. Quando formos capazes de sentir Vênus em nós e ao nosso redor, tanto o passado quanto o futuro desaparecem. Mas o quanto de Vênus que um indivíduo é capaz de ver em seu meio ambiente externo depende inteiramente de quanto amor está disposto a sentir dentro de si mesmo. Quando uma pessoa está se punindo por motivos passados, sejam eles quais forem, ela não pode sentir seu Vênus, pois está propositadamente afastando a si mesma de todo o bem que se acha dentro dela no momento.

Do mesmo modo que existe uma função digital entre a Lua e Mercúrio que tende a pré-programar a opinião de uma pessoa, existe também uma função semelhante na combinação de Mercúrio e Vênus. Uma pessoa começa a sentir o amor através de seu Vênus e então seu Mercúrio diz: "Mas". Ela tenta novamente e outra vez seu Mercúrio diz: "Mas". Esse processo contínuo impede o fluxo natural de Vênus. Embora possamos argumentar que isso afasta uma pessoa dos excessos, geralmente acontece o contrário. O indivíduo encontra mil razões por não poder experimentar a riqueza total do amor que a vida lhe oferece. Outra vez, o processo digital é baseado no passado, e quando ela percebe isso, a natural extravasão de Vênus, sem os "Mas" no meio, pode acontecer.

Embora a Astrologia veja muitas semelhanças entre a Lua e Vênus, existe uma grande diferença entre as duas. A Lua tem muito a ver com auto-recordação, mas Vênus tem a ver com o verdadeiro *sentimento* do Ser. Enquanto parece haver uma delicada linha entre os dois, este realmente não é o caso. Vênus é a verdadeira aceitação! Como regente de Libra e Touro, os raios de Vênus representam equilíbrio e centralização, bem como contato com a realidade terrestre. Existe beleza física e beleza celestial e também uma mistura das duas. Quando o homem está em contato com essa mistura, ele é capaz de sentir satisfação em níveis diferentes. Contudo, somente através da consciência desses níveis dentro do Ser é que um indivíduo é capaz de perceber, mesmo de maneira muito superficial, toda a beleza ao seu redor.

Curiosamente, quando uma pessoa experimenta muito amor, beleza e harmonia no "Agora", ela tende a permanecer no presente. Inversamente, quando o amor e a beleza parecem estar ausentes da sua vida, ela tende a se deixar levar para o passado, buscando nas lembranças um modo de recuperar o que verdadeiramente gostaria de sentir "Agora". Essa é uma reação humana natural, mas com um pouco de esforço um indivíduo pode encontrar beleza suficiente no "Agora" que magnetize seu presente mais do que o seu passado. Devemos entender que para se atingir isso é necessário esforço. Vênus também é o planeta das posses. O amor pessoal pode com freqüência se tornar possessivo, e amores pessoais do passado trazem consigo um magnetismo possessivo que continua atraindo uma pessoa de volta para aquilo que não existe mais em sua realidade. Assim, o esforço necessário para permanecer no "Agora" implica preencher sua vida com suficiente Vênus para que não haja espaço ou motivo para o passado penetrar no presente.

Desde que o "Agora" também é resultado do aqui, torna-se importante para uma pessoa perceber como eles criaram ligações de amor a lugares que lhes deram felicidade no passado. Embora os lugares pareçam muito diferentes uns dos outros, eles são de muitas maneiras simbolicamente parecidos. Qualquer viajante lhe dirá que praticamente não existe uma cidade nos Estados Unidos que não tenha sua própria Main Street. Não existe rua que não tenha árvores, sendo estas muitos parecidas com as árvores em outros lugares. Existem muitas ruas pelas quais podemos passar que bem poderiam ser chamadas de "qualquer lugar dos Estados Unidos". É pela observação da beleza cênica, que nós todos fazemos grande parte do tempo, que tendemos a comparar e lembrar a beleza de outros lugares nos quais estivemos no passado. O pensamento ou o sentimento podem durar uma fração de segundo. Na verdade, eles geralmente acontecem tão rápido que dificilmente se percebe, a menos que estejamos verdadeiramente conscientes. Mas o ponto importante é que quando a estética de uma cena do presente é parecida com uma do passado, existe uma forte tendência para que as qualidades suaves, delicadas de Vênus ofusquem momentaneamente a clareza de nossa visão. Pela comparação mais leve de uma cena presente com uma do passado, um indivíduo traz de volta à sua mente os incidentes coletivos, os acontecimentos e as pessoas associadas à natureza estética da cena que ele está experimentando novamente. Sempre que isso acontece ele perde o "Agora" e suas reações ao mundo de beleza no "Agora" é mais um produto de algum lugar no passado do que do presente. Isso é muito difícil de se notar devido à suave persuasão de Vênus. Uma espécie de preguiça (uma das qualidades negativas mais notáveis de Vênus) tende a se manifestar, permitindo que se acumule um sutil sentimento após o outro, talvez milhares deles num único minuto, a um ponto em que eles tendem a penetrar todo o ser. O indivíduo acredita estar sentindo uma tranqüilidade, mas, na verdade, ele está reexperimentando seu passado. Sua vibração diminui e, ao fazer isso, hora após hora e dia após dia, ele logo se torna um produto da satisfação letárgica. Ele perde seu desejo de atuar no "Agora" porque o encobriu com tantas coisas do passado que não pode vê-lo.

A experiência de Vênus no "Agora" pode ser extremamente bonita, amorosa e harmoniosa sem diminuir a qualidade de nossa vibração. Novamente, isso requer disposição para se fazer um esforço para ver a beleza em todas as coisas, todas as pessoas, e, acima de tudo, em você aqui mesmo, agora mesmo.

Vênus tem muito a ver com a natureza. Observe a beleza de uma planta. Suas folhas inferiores constantemente caem enquanto novas crescem no alto. As folhas inferiores eram novas no passado, mas não são bonitas para a planta "Agora". Da mesma maneira, pensamentos nostálgicos de amores passados são como uma pessoa se demorando em suas folhas inferiores, que já desapareceram e foram substituídas muitas vezes.

Como o regente de Libra, Vênus pode às vezes possuir uma qualidade muito obstinada, sentindo ambos os lados das coisas, mas freqüentemente perdendo o centro. Como o regente de Touro, pode ter uma qualidade de teimosia que persistentemente se agarra a valores passados, não permitindo que o "Agora" aconteça. Em vez de sermos a vítima dessas duas características negativas de Vênus, podemos experimentar o "Agora" melhor ao vibrarmos com a qualidade mais elevada desse planeta, e isso significa nos tornarmos parte de sua plenitude e riqueza em todas as coisas, todas as pessoas, em tudo que está ao seu redor e tudo que está dentro de você "Agora" mesmo — aqui mesmo! Veja como é amplo o seu presente "Agora" e permita que uma sensação de contentamento e gratidão penetrem toda sua existência. Esse é o "Agora" de Vênus e é muito real.

MARTE E O "AGORA"

Marte é o planeta do desejo e do movimento. Ele está constantemente estimulando o "Agora" e preenchendo-o com uma agudeza vívida que reestimula nossa consciência. O uso incorreto da energia de Marte mais comum é projetar nossos desejos tão longe no futuro a ponto de nossas ações no "Agora" parecerem sem significado. Isso provoca descontentamento, ansiedade e um estado constante de frustração. O Marte do "Agora" é baseado na espontaneidade. Marte acrescenta movimento àquilo que, de outra maneira, pode parecer uma realidade sem progresso. Ele não deve continuar projetando o indivíduo para além daquilo que está fazendo no presente, mas, sim, deve estimular seu presente com a vitalidade que ele necessita a fim de vivê-lo. Se uma pessoa continua projetando suas esperanças e desejos no futuro, ou se gostaria de reviver aquilo que já viveu, então ela está constantemente perdendo vitalidade. Ela sente uma perda de energia e talvez pense que vem de outras pessoas, quando, na verdade, é sua própria inabilidade de atuar em seu "Agora".

Marte é o planeta de motivação. É o que transforma as idéias em ações. Se observarmos cuidadosamente o estímulo de Marte, alguma coisa muito interessante se revela. A motivação para agir vem depressa, talvez muitas vezes num único momento. Mas ela também passa depressa. Assim, se uma pessoa passa sua vida analisando suas motivações, ela tende a perder tantas que, em essência, perde a motivação para fazer qualquer coisa. A necessidade de fazer vem depressa. Para experimentar o "Agora" devemos atender nossas necessidades e, então, por deixá-las passar, novas surgirão em seu lugar. De certo modo, à semelhança da atuação de Mercúrio, a atividade de Marte mantém alta a nossa vibração e é esse movimento rápido de nossa vibração que não deixa espaço para a depressão, a tristeza ou o remorso.

Algumas vezes Marte é primitivo em seus impulsos e realmente precisa de algum controle através da sabedoria de Saturno e da razão de Mercúrio, mas nunca a ponto de se inibir, sufocar e sublimar a poderosa energia motivadora que o está estimulando no "Agora". Em seu nível natural Marte não questiona ou analisa — ele age. E é através da ação que o homem atinge um estado de ser. A todo momento ele está *sendo*. A alegria de Marte não está nunca em se alcançar as metas finais, pois quando um indivíduo as alcança, talvez tenha se esquecido há muito tempo por que as desejava. Pelo contrário, a alegria de Marte deve ser encontrada em nosso estado constante de ser. Essa é a verdadeira fonte de motivação. Seja o que for que possamos finalmente atingir, é muito menos importante do que nossa união com o ato de sermos, que é a qualidade estimulante, vibrante de nossa experiência do "Agora".

O homem é um animal engraçado. Ele tende a ser mais feliz quando sabe o que almeja. Quando finalmente atinge suas vontades e desejos, ele perde alguma coisa, e então precisa decidir o que realmente quer. Se você se aproximar de pessoas diferentes e perguntar: "Se você pudesse ter qualquer coisa no mundo, o que é que você desejaria?", você ficará surpreso ao descobrir como é difícil passar para as pessoas responderem. A verdade é que não é o que o homem especificamente deseja que lhe traz felicidade, mas, sim, a aceitação da natureza de seu desejo no "Agora". Ele sempre desejará alguma coisa e de tempos em tempos os desejos mudarão. O importante é que o próprio desejo é o que o motiva a todo momento, e quanto menos seus desejos são satisfeitos, mais se sente motivado.

A própria Bíblia não fala contra o desejo — apenas contra o uso impróprio dele. O importante aqui é que os desejos de um indivíduo sejam verdadeiramente seus, em vez de uma cópia carbono daquilo que ele vê ao seu redor. Se ele trabalha uma vida inteira tentando alcançar os desejos de outros, ele terá vivido uma vida inteira das vidas de outras pessoas. A cada momento ele não está em seu próprio aqui ou "Agora". Pelo contrário, ele estará sintonizado na natureza do desejo da consciência da massa. Isso pode somente confundir seu momento presente, difundir a vitalidade de seu próprio espaço e levá-lo a tempos e lugares no futuro que pouco tem a ver com a realidade de sua experiência do "Agora".

A motivação para a sexualidade e criatividade vem e vai num piscar de olhos, mas quando uma das duas está presente, isto é o que está acontecendo agora. E quando nenhuma das duas está presente, alguma outra coisa está acontecendo no "Agora". Não é o desejo que pode destruir uma pessoa, mas, sim, a ligação ao desejo que nos faz permanecer ligados em desejos que já passaram juntamente com necessidades que já foram satisfeitas.

Se alguém parasse e verdadeiramente enfrentasse a natureza de seu desejo de modo sensato, logo entenderia quão caprichoso ele é. No decorrer de um dia, milhares de desejos que pouco tem a ver uns com os outros surgem na mente e no corpo. Certamente não podemos agir de acordo com todos — nem devemos ir para o extremo oposto da renúncia, pois nenhuma dessas atitudes permitirá que o indivíduo experimente o nível de energia no qual se sentirá mais satisfeito. A concentração de energia está sempre mudando, e o indivíduo, que está constantemente tentando colocar sua energia numa direção por acreditar que isso o levará a alguma meta futura desejada, pode ou não atingir essa meta. Mas se fluir com o aumento e diminuição de seu padrão de energia, ele está atingindo metas a todo momento. Ele pode ou não atingir suas metas de vida, mas esse não é o problema, pois as metas de uma vida levam a vida inteira para serem atingidas. Quer se deseje estar consciente delas a todo momento, ou se escolha estar mais em contato com a natureza do nosso desejo no presente, faz uma grande diferença no sentido de a pessoa ser capaz de atuar bem agora mesmo! Marte pode nos tornar em atores de nossa vida ou reatores das vidas dos outros. Independente da Casa em que se encontra no horóscopo, Marte dá ao indivíduo a liberdade de usar suas energias como lhe convém. Curiosamente, sempre que um indivíduo se recusa a usar seu próprio Marte, ao impor sua presença em tudo que estiver fazendo, ele descobrirá que os outros usam seu Marte nele. Assim sendo, onde está o equilíbrio correto na maneira de usar nossas energias? Se alguém impõe seu Marte aos outros, está constantemente criando condições Cármicas. Ao mesmo tempo, se permite que os outros imponham seu Marte a ele, torna-se o receptor de suas energias Cármicas. Lao Tsu, o grande sábio, disse: "Um bom caminhante não deixa pegadas." Nessa frase muito simples ele aludia à possibilidade de se agir sem repercussões Cármicas. Quando o desejo de agir não está associado ao desejo de controlar as ações ou reações dos outros, então estamos "andando sem deixar pegadas". Ao mesmo tempo, o desejo de agir deve estar ligado à compreensão de que nossas ações são suficientemente importantes para o ser e, por isso, não precisam ser controladas pelos outros. Assim, nos tornamos os semeadores e os ceifeiros de nós mesmos. Num mundo onde tantas coisas parecem iguais, o indivíduo pode então estabelecer sua própria identidade única. Que dádiva maior um homem poderia dar a si próprio do que ele mesmo?

Quanto uma pessoa se identifica com aquilo que faz? Quanto um homem é aquilo que faz? E, ao contrário, quanto seus atos são um produto de sua própria identidade única? De todos os planetas no zodíaco, Marte talvez seja o mais importante e, ao mesmo tempo, o mais difícil de se lidar no que diz respeito a um indivíduo descobrir quem é! Quer goste ou não de reconhecer isso, quem ele é a qualquer tempo depende muito daquilo que deseja. Se um homem diz: "Eu quero comer", então naquele momento ele é uma criatura faminta. Depois de ter comido, o desejo muda e, com ele, muda o homem. A verdadeira natureza do desejo freqüentemente faz o homem parecer contraditório em seus sistemas de valores. Algumas vezes ele está de acordo com seus desejos e outras vezes não. Ele deseja viver agora, mas também deseja preservar seu futuro. Ao mesmo tempo ele deseja se agarrar ao seu passado. O fato é que o homem pode somente desejar aquilo que não tem. Assim, em vez de gastar suas energias num futuro que é incerto, um passado que não existe mais e um mundo de coisas que os outros têm, o único desejo verdadeiro que pode lhe trazer felicidade no "Agora" é o desejo de ser uma unidade consigo mesmo.

Ouspensky, em seu livro *In Search of the Miraculous*, diz que existem diferentes "eus" em nosso ser. Como personalidades distintas, cada "eu" pensa ser soberano acima dos outros — e por um momento o é. Mas no momento seguinte, um "eu" diferente terá o controle e pode ou não concordar com o "eu" que estava no controle anteriormente. Cada "eu" na estrutura da personalidade tem seus próprios desejos. Um "eu" pode impulsivamente desejar comprar um carro de dez mil dólares. Depois de concordar em pagar o valor durante anos, todos os outros "eus" devem assumir a responsabilidade e sofrer as conseqüências daquilo que o primeiro "eu" impulsivamente exigiu. Esses outros "eus" ficam irritados com aquele "eu", porque eles têm seus próprios desejos que não estão sendo obtidos. A partir dessa simples analogia podemos ver como a natureza do desejo do homem é confusa. Mas existe um caminho para se eliminar esses desejos diferentes, provenientes de diferentes "eus" da personalidade. A fim de fazê-lo, precisamos encontrar o verdadeiro "eu" — aquele cuja natureza do desejo é suficientemente poderosa para subjugar todos os outros "eus", por ser compatível com o sincero desejo da alma de se expressar através de uma personalidade harmoniosa.

O desejo não é uma coisa ruim. Somente quando desejos diferentes lutam entre si é que o "Agora" se torna ocupado por contradições que provocam tal infelicidade ao indivíduo a ponto de fazê-lo correr para o futuro, o passado ou outros lugares. Assim, o desejo por unidade mental é um bom desejo que possibilita ao indivíduo concentrar suas ações presentes e permite-lhe estabelecer e manter a unidade consigo mesmo.

Marte tem duas Luas, Demos e Phoebos, que constantemente descrevem uma órbita ao redor do planeta. Pode bem ser possível que, dependendo da Lua que esteja entre Marte e a Terra na hora do nascimento, exerça uma grande influência em como nos relacionamos com a energia de Marte. É inteiramente possível que quando Demos está mais perto da Terra, um indivíduo tenha tendência a ser expansivo, sociável, mais impulsivo, audacioso, corajoso e expresse externamente o poder da energia de Marte. Por outro lado, se a Lua Phoebos está mais perto da Terra na hora do nascimento, personalidades mais reprimidas e interiorizadas podem estar contidas dentro do indivíduo. Isso é apenas uma teoria, e pesquisas futuras provarão ou não sua validade. Mas isso pode ter muito a ver com o "eu" dominante da natureza de nosso desejo. E como as duas Luas continuamente descrevem uma órbita ao redor do planeta, elas bem podem ser a explicação para os "eus" mutáveis que constantemente querem controlar a natureza do desejo do homem. Contudo, deveria ser lembrado que qualquer Lua é um reflexo, um espelho, uma cópia carbono ou uma distorção invertida do original. Embora o desejo esteja constantemente mudando no mundo sempre em transformação no qual vivemos, existe, num nível muito mais profundo, um desejo que emana de nossa alma e que é não somente muito mais constante como mantém um indivíduo estável através das circunstâncias variáveis às quais ele é submetido. Conhecer esse desejo de sua alma é conhecer a si mesmo.

Mais do que qualquer outro planeta, Marte é a chave para a auto-identidade. Como regente de Áries e da Primeira Casa, bem como co-regente de Escorpião e da Oitava Casa, Marte desempenha um papel muito importante nos começos e fins — a estrutura da identidade consciente e inconsciente. Quando um homem percebe que é tanto o princípio como o fim, mas que ele é apenas um homem (uma entidade unificada consigo mesmo) durante a existência consciente e inconsciente, ele começa a atuar no "Agora". Se ele for pela vida sendo o ID coletivo de todos que encontra, então para ele não existe "Agora", pois é apenas um conjunto fragmentado das vidas de todas as outras pessoas. No momento em que ele desiste de querer mudar os outros ou melhorar o mundo em que vive e se limitar ao pequeno canto do universo que é o seu próprio e particular espaço psíquico, ele começará a confrontar a natureza do desejo que emana apenas de si mesmo. Tão logo o faça ele avança para seu próprio "Agora", compreendendo que essa é a única realidade na qual pode atuar verdadeiramente como ele próprio.

Marte é o último dos planetas pessoais interiores. É aquilo que um homem deseja fazer com sua vida, seu dia, sua hora e seu momento. Mas, até mais do que isso, Marte representa o que ele está fazendo *agora mesmo* e que imprimirá sua identidade única na consciência universal a partir do papel muito pequeno, porém muito significativo, que ele tem na atuação do desejo de sua Alma.

CAPÍTULO 6

OS PLANETAS EXTERIORES
E "O AGORA"

JÚPITER E O "AGORA"

Júpiter é o primeiro dos planetas exteriores. Nós o chamamos de planeta da co-consciência porque, como todos os planetas exteriores, partilha idéias e experiências que são mais do que pessoais. Simboliza a compreensão cooperativa, coletiva, daquilo que está disponível no "Agora" universal, em vez do que é mais pessoal ao "eu" individual. Como o planeta da expansão, ele amplia a nossa consciência, levando um indivíduo a perceber que nem sempre vê o todo gestáltico de sua compreensão; liberta-o de sua permanência naquilo que chama de seu, permitindo que experimente o que é maior do que ele próprio. O indivíduo começa a compreender que o "Agora" está acontecendo em diferentes níveis ao mesmo tempo.

Júpiter é o planeta que rege os lugares, unindo-os a formas de pensamentos mais elevados. Todos nós, uma vez ou outra, passamos pela experiência de estar num lugar e momentaneamente ver *flashes* (aparentemente além do nosso controle) de outros lugares. Sabemos que naquele momento não estamos realmente nesses outros lugares, mas, por um breve instante, parecemos estar. Se observarmos esses *flashes*, a realidade dos outros lugares torna-se tão ou mais vívida e convincente do que a realidade física de onde realmente estamos.

Assim, ao lidar com o "Agora", que também é uma atuação do "Aqui", Júpiter nos leva a perceber que em níveis mais elevados de pensamento, todo lugar pode estar aqui e aqui pode estar em todo lugar. Sabemos que a mente possui a tendência a divagar. De todos os signos no zodíaco, isso acontece mais em Sagitário, onde o efeito de Júpiter é sentido mais fortemente. Todas as coisas no "Agora" se ampliam a ponto de o indivíduo literalmente parecer estar se confrontando com milhões de pensamentos e idéias, muitos

75

dos quais parecem ter muito pouco a ver uns com os outros. Contudo, eles têm muito a ver entre si, pois todos estão acontecendo "Agora". Essa é a razão de nosso contato inicial com as energias Jupiterianas ser um pouco confuso. O indivíduo pergunta a si mesmo — o que está acontecendo? — quando começa a perceber sua própria pequenez dentro do alcance de tudo que está começando a experimentar. Ele sente tantas coisas que mal sabe quem é. Décadas ou séculos parecem apenas um momento. Livros inteiros parecem apenas uma única palavra. Os pensamentos não existem mais numa dimensão singular. Pelo contrário, eles se tornam como correntes de pensamentos, lançando-se em várias direções ao mesmo tempo. Quando isso é personalizado, tende a fazer o indivíduo ser muito impaciente consigo mesmo. Ele constantemente quer seguir cada pensamento, e, se assim o fizesse, isso sem dúvida o levaria a experimentar tudo que seu corpo, mente e alma pudessem dominar. Mas novamente devemos lembrar que Júpiter não é um dos planetas pessoais. Seu efeito em qualquer pessoa é dar ao indivíduo uma consciência mais elevada do todo maior do que ele normalmente percebe. Ele é parte desse todo, mas não é tudo nele, nem poderia jamais esperar ser.

Se você deseja compreender o efeito de Júpiter, sente-se e leia um jornal. Mas tente, com vontade, leia cada item ao mesmo tempo. Enquanto estiver fazendo isso, ligue o rádio. Mas em vez de uma única estação, imagine-se ouvindo todas as estações ao mesmo tempo. Enquanto isso, pense em todos os conselhos que já lhe deram com respeito a todas as perguntas que já tenha feito. Mas não pare aqui. Pense em todos os lugares em que já esteve e em todos os lugares em que possa ir no futuro. Pense em todos os rostos que já conheceu. Ouça todo som que puder ouvir vindo da rua. Poderíamos continuar essa analogia infinitamente, mas o ponto é que Júpiter é tanto daquilo que está acontecendo *agora* que é indiscutivelmente mais do que qualquer indivíduo pode sensatamente lidar de uma só vez. Júpiter torna o indivíduo consciente de todo o mundo ao seu redor. Entretanto, se ele quiser conservar algum domínio sobre si mesmo, deve compreender que de tal abundância de oportunidades deve apenas tirar aquelas que não o afastem de si mesmo.

Júpiter também é o planeta da linguagem mais elevada. Onde Mercúrio exerce domínio sobre as palavras, o efeito de Júpiter é nos tornar consciente de todas as linguagens diferentes que estão sendo ditas através das mesmas palavras. A esse respeito, as conotações das palavras, os duplos sentidos, as milhares de sugestões que uma única frase pode conter tornam-se aparentes. Algumas vezes a própria linguagem parece pura estupidez. Júpiter é a proverbial torre de Babel. Mas, em silêncio, ele também é o templo de sabedoria de Salomão. Onde Mercúrio influencia os processos de pensamentos pessoais da mente inferior, Júpiter rege a mente superior e tudo o que ela sabe, através de processos de pensamentos impessoais. Esses pensamentos freqüentemente são difíceis de verbalizar, pois nem todos os indivíduos têm um bom contato com sua mente superior. E, mesmo os que têm, geralmente só o experimentam em alguns momentos. Júpiter rege a lei, os mandamentos de Deus, a compreensão de um modo de vida mais elevado. Mas é necessário um esforço consciente do indivíduo para aprender a obter a maior parte dos benefícios de Júpiter, embora estando ainda concentrado em sua experiência pessoal. Isso porque Júpiter tem uma tendência a levar um indivíduo para tão longe do "Mundano" que a habilidade de atuar numa base cotidiana é perdida por parecer tão pouco importante. Contudo, o "Agora" é hoje. Pergunte a si mesmo: Júpiter está iluminando o meu dia ou afastando-me dele?. A tendência a deixar a mente vagar para lugares distantes e horizontes mais amplos é o resultado de como um indivíduo permite que Júpiter dissipe seu "Agora" em experiências que estão além de sua verdadeira alçada. Por outro lado, quando Júpiter é usado com a compreensão de que o "Aqui" está em todo lugar, então o indivíduo é capaz de apreciar a plenitude de tudo que está experimentando agora, sem interromper a continuidade de seu fluxo devido a muita expectativa futura.

Um dos aspectos mais positivos da energia de Júpiter é sua habilidade em libertar matéria cristalizada. Isso permite que um indivíduo liberte a si mesmo do seu passado e se eleve acima dele por experimentar a riqueza do seu presente. A natureza se revela para ele de todos os lugares. E ele pode começar a atuar em sintonia com o todo cósmico maior. Certamente, a energia de Júpiter simboliza uma libertação do peso Cármico. Em vez de refocalizar a mente em ecos do passado, o indivíduo pode se tornar consciente de tudo que o substitui. A princípio, a tendência natural é sentir que o meio ambiente externo está nos desviando de nós mesmos. Isso é verdade, mas a beleza harmoniosa que existe no meio ambiente externo, quando é unida ao ser interior mais elevado, também está nos levando para longe do sofrimento e em seu lugar dá ao indivíduo a satisfação de experimentar tudo o que a vida tem a lhe oferecer. O "Agora" de Júpiter é alcançado quando se aprende a ver a luz em vez de tentarmos classificar a escuridão.

SATURNO E O "AGORA"

Como o planeta da responsabilidade, Saturno impõe seus fardos ao indivíduo para que ele entenda a importância de suas próprias necessidades. Ao enfrentar suas tarefas com sua melhor habilidade, um indivíduo dá forma ao seu próprio autovalor. Isso o ajuda a aprender a ser compreendido como um indivíduo. O interessante a respeito de Saturno é qúe, embora freqüentemente se pense nele como o planeta das restrições, ele é, na verdade, um planeta de grande liberdade.*

Quando se evita as tarefas e responsabilidades que dão significado e propósito à nossa existência, então não há dúvida de que o peso de Saturno é fortemente sentido. Tudo o que um indivíduo deveria enfrentar, mas que tenta ignorar, começa a acumular peso em sua mente. Mas, quando se faz uma aproximação mais positiva para se lidar com os obstáculos de todos os dias, que são somente degraus em direção à nossa evolução, mais nos libertamos do peso do passado.

Saturno é o planeta do Carma e, de muitas maneiras, torna a vida do indivíduo no resultado de suas ações passadas. Ele cristaliza seu passado, como um muro que ele deve finalmente galgar para alcançar o presente. A beleza de Saturno consiste no fato de que ele também é o planeta do esforço persistente e árduo. Ele dá ao indivíduo a perseverança para galgar esse muro de modo que não haja nada entre ele e o seu presente. Nenhum astrólogo no mundo seria tolo o suficiente para adotar a teoria de que o Carma passado é facilmente dissipado. As coisas levam tempo, e Saturno é o planeta do tempo. Quanto mais um indivíduo começa a compreender a natureza de Saturno, mais ele é capaz de fluir com o tempo. Em vez de meditar a respeito de erros passados, ele aprende a passar cada dia cristalizando nova forma, nova atitude, novo propósito e novo significado para sua vida. Quanto mais o fizer, mais diminui o que é velho. Como as páginas rasgadas e esfarrapadas de um velho livro abandonado, a relação que Saturno tem de nossas façanhas e más ações finalmente dão lugar a um novo propósito. O novo sempre é uma conseqüência do velho. Depende do indivíduo, através de sua própria sabedoria e livre-arbítrio, junto com o desejo de usar a ambos, que padrões passados que causavam o seu fracasso não sejam ecos no "Agora".

Existe uma tendência a que um indivíduo programe sua vida através de Saturno. Ele passa anos construindo idéias, e dar forma a tudo o que pensa o fará feliz. Como resultado, sua mente computadorizada tende a estereotipar pessoas e coisas no mundo ao seu redor. Ele encontra novas pessoas e circunstâncias o tempo todo, mas sempre tende a compará-las com a forma que estruturou em

---

* Veja *Saturno: Planeta da Felicidade*, Dell Horoscope Magazine, p. 39, agosto de 1978, Dell Publishing Co., Inc., N.Y.

sua mente. Não apenas isso é injusto com as novas pessoas e circunstâncias que encontra, mas também o mantém construindo padrões que só continuam reconstruindo o muro de Saturno.

A fim de fluir com as melhores energias de Saturno, um indivíduo deve estar pronto a se confrontar verdadeiramente consigo mesmo. O que ele está construindo no aqui e agora deve ser uma base firme debaixo de seus pés. Ele precisa aprender a não se dispersar em pensamentos ou ações que não são produtivas. Ao fazê-lo ele começa a sentir um vigor no "Agora". Quanto mais sente isso, menos necessita se esforçar para alcançar o passado e o futuro, e, ao mesmo tempo, necessita menos procurar por outros lugares, além daquele em que está a qualquer momento. A sensação de repressão que Saturno provoca não é de todo uma restrição, mas simplesmente ensina ao indivíduo como modelar a si mesmo nos caminhos que têm maior significado. Essa sensação de repressão traz consigo um certo silêncio. O indivíduo aprende que quanto mais fala a respeito daquilo que quer fazer, menos objetivo ele sente ao fazê-lo. Em silêncio, ele conserva suas forças e é capaz de dedicar cada momento no sentido de atingir seu objetivo. Essa não é uma coisa fácil de se fazer; ela requer um esforço concentrado. Entretanto, quanto mais o indivíduo pratica, mais simples se torna viver uma experiência criativa no "Agora". Ele aprende que tudo o que faz dá forma a tudo o que ele é. Saturno é o professor e guarda dentro de si os maiores segredos do universo, se tivermos a disposição para aprender. Aquilo que fazemos a cada dia é mais importante do que o que sonhamos fazer no futuro. A pura essência de Saturno fala de realidade. Ela separa o sonho da vida daquilo que é perceptivelmente real, e assim um indivíduo pode conhecer seus sonhos, mas também perceber o que precisa fazer para que eles se realizem. Quantos milhares de indivíduos no mundo disseram milhares de vezes: "Eu poderia fazer isto" ou "Eu poderia fazer aquilo", secretamente invejosos daqueles que o fizeram. Anos mais tarde, esses mesmos indivíduos começam a viver em seus passados, reconhecendo de má vontade que não fizeram isto ou aquilo corretamente.

A lição de Saturno é não olhar para o que os outros fazem, ou mesmo, anos depois, para o que poderíamos ter feito, mas, sim, construir efetivamente uma estrutura para nossa vida, aqui, agora — hoje!

Existem muitos indivíduos que são incapazes de tomar decisões. Os ventos das oportunidades os levam de lá para cá. Eles nunca experimentam um sólido senso de identidade, propósito e significado em sua existência. Existem outros indivíduos que estabelecem metas para si mesmos. Eles primeiro olham para o resultado de alguma coisa e, então, consideram se vale a pena, voltam para o início e começam a trabalhar em direção a ela. De acordo com Ouspensky, uma das grandes cabeças de seu tempo, a diferença entre se viver certo ou errado não está baseada nos costumes da sociedade ou do tempo no qual se vive. A verdade é que aquilo que é aceito como certo em nossa sociedade é errado em outra. E, através da história, o que foi considerado certo em determinadas épocas também foi julgado errado em outras. Assim, o problema de se viver certo ou errado, que é tão importante para o indivíduo, é baseado em algo mais do que a sociedade pensa ou a época em que vivemos. Ouspensky o compara claramente com o fato de o indivíduo ter ou não uma meta. Para a pessoa que não tem metas é verdadeiramente impossível saber a diferença entre certo e errado. Mas para o indivíduo que tem uma meta, tudo que o leva para mais perto dela é certo e tudo que o afasta é errado. Nós podemos facilmente argumentar que se a meta de um indivíduo é errada, então como podem suas ações em direção a ela serem certas? A questão não é essa. Ninguém, a não ser o próprio Deus, pode julgar o que é certo ou errado para cada indivíduo. É a *idéia* de uma meta, certa ou errada, boa ou má, executada com sabedoria ou não, que faz um indivíduo saber que o que está fazendo agora é importante! Assim, a idéia de ter metas na vida possibilita à pessoa compreender cada dia como um passo importante na construção de sua evolução. Pode parecer que o fato de ter metas tende a projetar os indivíduos para o futuro. Não necessariamente. Geralmente são os indivíduos sem metas que estão constantemente saltando para o futuro ou, ao mesmo tempo, nas vidas de outras pessoas, a fim de encontrarem alguma coisa tangível e significativa para si mesmos. O indivíduo com metas, independente de alcançá-las ou não, não precisa fazer isso. Ele pode viver sua vida um dia de cada vez, pois sabe onde está; e quer a estrada à sua frente seja clara ou não, ele sabe que ela está lá. Assim, ele atua no "Agora" de acordo com aquilo que verdadeiramente é significativo para ele, evitando tudo o que não é. Dessa maneira, desenvolve a arte da discriminação, filtrando para fora de sua vida tudo que dissipe suas energias e trazendo para ela a argamassa a partir da qual pode construir suas bases sólidas.

Há um clichê que diz: "Se você deseja terminar alguma coisa, dê a tarefa para uma pessoa que não tenha tempo para fazê-la e ela será feita." A verdade dessa afirmação está no fato de que o indivíduo que não tem tempo sabe como usá-lo melhor. As demoras associadas a Saturno tornam um indivíduo mais lento e, em vez de correr pelo tempo sem sentido, ele pode aprender a preencher cada momento com a forma e a substância que criarão maior significado em sua vida. Embora ele possa se atolar em detalhes, somente através da vontade de aceitar suas responsabilidades do momento é que ele se mantém no "Agora". A lenta natureza perseverante dos propósitos de Saturno é sempre certeira e segura. As energias desse planeta ajudam a efetivamente colocar uma pessoa em contato com sua realidade atual.

Uma das maiores perdas em viver no "Agora" é a tendência do homem ao escapismo. Cada indivíduo encontra suas próprias saídas através das quais ele finalmente derrota a si mesmo. Saturno é o planeta da disciplina. Ele ensina uma pessoa a ficar dentro de seus próprios objetivos, a despeito de quão difíceis eles às vezes possam parecer. Ao cooperar com a vibração de Saturno, um indivíduo aprende a estabelecer sua estabilidade interior. Ele é capaz de construir uma casa dentro de si mesmo. Quando puder fazê-lo, descobrirá que emoções de cobiça, avareza, inveja, e todas as outras coisas que tendem a afastá-lo de si mesmo, têm muito menos efeito sobre ele. Ele se torna seu próprio santuário. Através disso, aprende a controlar suas impressões sensoriais e suas constantes reações ao mundo sempre em mudança ao seu redor. Ele aprende o que significa para si mesmo. Uma vez que isso seja conseguido, não quer mais comprometer seu "Agora" pela aparência dos pastos verdes nas vidas de outras pessoas, que não apenas estão além do seu alcance como também lhe trariam pouca satisfação se as atingisse.

Saturno é o planeta da sabedoria através da maturidade que chega com a idade e a experiência. Alguns indivíduos são suficientemente afortunados para compreender sua vibração muito cedo, enquanto outros não percebem os benefícios de Saturno senão muito mais tarde. Para aqueles que estão constantemente pedindo conselhos aos outros para cada decisão que devem tomar, a sensação de auto-satisfação que Saturno oferece nunca se estabelece realmente. Ao mesmo tempo, os indivíduos que percebem que tudo que é significativo na vida deve finalmente vir de dentro do "eu", tendem a tomar suas decisões em silêncio, sem constantemente pedir conselhos fora de si mesmos. Esses indivíduos são capazes de desenvolver um controle sobre si mesmos, uma fortaleza e um suporte poderosos dentro de cujas paredes seu "Agora" está sempre acontecendo. Eles aprendem a arte de atuar nos melhores níveis possíveis, nunca impressionando ou agradando os outros, pois isso seria fora da parede, mas, sim, construindo um senso de substância e significado mais forte a partir de dentro.

Um dos caminhos mais fáceis para um indivíduo perder seu senso de "Agora" é através da emoção excessiva. Todos nós passamos em nossas vidas por períodos que são ou emocionalmente tensos ou muito traumatizantes. Saturno equilibra a emoção. Ele ensina uma pessoa a controlar suas emoções em vez de permitir que as emoções a controle. Assim, ele pode ser uma espécie de âncora emocional, enraizando eficientemente um indivíduo na realidade de sua experiência do "Agora". Isso o protege das asperezas de experiências externas desagradáveis, por mantê-lo sempre centrado dentro de si mesmo. Qualquer que seja sua missão na vida, ela se torna mais forte do que as impressões sensoriais e emoções que podem tão facilmente desviá-lo dela. Isso não acontece da noite para o dia, pois nenhum progresso através de Saturno é assim. Entretanto, observou-se que seja o que for que se realize, se construa ou se alcance através da dedicação de Saturno, não se perde facilmente.

Pense no que seria um dia sem significado, sem propósito, sem a possibilidade de satisfação. É assim que seria nossa vida se não fosse Saturno. A cada momento ele nos mostra o valor daquilo que é nosso, bem como a nossa importância num mundo que precisa de nós. Existem poucos significados maiores na vida do que saber que somos necessários. É aqui que Saturno torna um indivíduo consciente de seus deveres atuais para consigo mesmo e para com aqueles que necessitam dele. O máximo que podemos atingir através de Saturno é o senso de significado que vem de sabermos como tudo que fazemos é, na realidade, com um objetivo. Quando um indivíduo sabe disso, ele começa a ver o mundo de maneira diferente. O aqui e o agora compõem-se de tudo que coincide com seu senso de propósito e significado. Todo o resto torna-se externamente filtrado por sua consciência. Ele aprende a não gastar tempo ou energia em padrões de pensamento não-produtivos que no passado criaram estradas que levavam a lugar nenhum.

Agora, através de Saturno, ele literalmente permanece na encruzilhada do sentido da vida até que perceba a importância de onde está. Quando atinge essa percepção, o indivíduo tem a habilidade de sentir uma base sólida dentro de si mesmo, que permite uma poderosa sensação de segurança e autoconfiança.

Assim, quando falamos do "Agora", com relação a Saturno, falamos sobre estabelecer o tema central de nossa vida. Esse planeta, que rege a consciência, está continuamente se desenvolvendo no "Agora" para dar a um indivíduo a liderança estável que ele precisa a fim de conhecer sua própria força. Quanto mais ele coopera com sua própria consciência, mais seguro ele é capaz de se sentir dentro de si mesmo. Inversamente, é interessante notar que aqueles indivíduos que vivem em oposição às suas consciências estão cheios de fobias, hipersensibilidade e ansiedades de todos os tipos. Assim, Saturno pode ser nosso benfeitor ou nossa carga de infortúnio, dependendo totalmente dos caminhos nos quais uma pessoa constrói sua estrutura. Embora a realização de metas possa bem estar no futuro, é aquilo que fazemos no sentido de atingi-las no "Agora" o que cria a realidade.

Para muitos, Saturno é o feitor. Mas aquele que vive no "Agora" sempre é o dono da tarefa!

URANO E O "AGORA"

Urano é o planeta do conhecimento. Ele eleva e estimula o intelecto. Ele vai muito além dos padrões de pensamento tradicionais, mostrando ao indivíduo novos *insights*, descobertas e uma maneira mais fascinante de encarar a vida. De todos os planetas no zodíaco, a espontaneidade de Urano permite que um indivíduo largue seu passado e veja o valor de tudo o que está acontecendo no "Agora". Ele pode mudar padrões de anos num único momento, através da consciência elevada que Urano lhe dá. Esse planeta é considerado o regente da Astrologia, porque conserva dentro de si as chaves do esclarecimento mais elevado.

Através da energia Uraniana, percebemos que o mundo é feito de muitos diferentes tipos de comportamento, estilos de vida e caminhos para Deus; compreendemos que o mundo tem um lugar para todos eles. As diferenças entre sociedades, religiões e estilos de vida acrescentam colorido e interesse ao meio ambiente. Contudo, o meio ambiente é a parte externa na nossa experiência do "Agora". Ele não é o eixo da roda de onde nossas idéias e pensamentos emanam.

Para ficar em maior harmonia com a energia de Urano, um indivíduo deve compreender e desejar defender sua própria singularidade. Ele talvez tenha uma mente ou um caráter que não é aceito pela sociedade ao seu redor ou pela época em que vive. No entanto, ele é o seu "Agora". Ele pode e, na verdade, *precisa* ser diferente daqueles que estão ao seu redor, a fim de ser ele mesmo. Para os indivíduos que possuem clarividência, Urano é o planeta que lhes permite sintonizar sua entrada de energia com a freqüência que é mais adequada. Isso lhes permite filtrar todas as premonições indesejáveis ou enganosas, os impulsos e os cursos de pensamentos que somente confundem suas vidas pessoais. Como o planeta da vontade, Urano também permite que um indivíduo sintonize ou não suas percepções mentais com outros, da forma que lhe convir. De maneira bastante engraçada, esse é o planeta que finalmente leva a um grande sentimento de gratidão. A pessoa torna-se tão consciente de tudo o que a vida tem a oferecer que fica extremamente agradecida por qualquer experiência que venha a ter. Como a chave mais elevada para Mercúrio, Urano ajuda um indivíduo a saber o que ele sabe. Através de Mercúrio ele pensa seus pensamentos, mas através de Urano ele é capaz de observá-los e compreendê-los a partir de um ponto de vista mais amplo e mais imparcial.

Quanto mais fizer isso, mais será capaz de tolerar e compreender as inconsistências que experimenta.

Urano simboliza o conhecimento instantâneo. Seu senso de vividez é o mais forte de todos os planetas. Assim, seu magnetismo na experiência do "Agora" é extremamente poderoso. Ao mesmo tempo, as constantes reversões e as inesperadas mudanças dos acontecimentos que experimentamos são as reações Uranianas às conseqüências Cármicas de ações passadas. Mas se um indivíduo é na realidade impessoal e não se agarra às coisas, ele pode presenciar cada momento como uma nova criação.

Urano eleva o intelecto e ajuda a tornar o indivíduo consciente de que dentro dele está o modelo de todo o universo. Ao romper barreiras interiores que limitam sua consciência, o indivíduo é capaz de ver tudo o que ele é. De tal revelação, ele pode ficar consciente de sua própria presença em vez de buscar um senso de presença nas vidas dos outros. É por isso que Urano ajuda um indivíduo a ser menos dependente dos outros e mais confiante em sua própria singularidade. Todas as contradições que sentimos dentro de nós mesmos são apenas símbolos menores de todas as contradições visíveis no mundo exterior. Quanto mais um indivíduo puder aceitar os desvios dentro de si mesmo, mais fácil será aceitar o meio ambiente em que vive. Assim, através de uma aceitação impessoal de todas as coisas que parecem desarmoniosas entre si, o homem pode alcançar a harmonia com ele mesmo. Se rejeitar constantemente tudo que parece desarmonioso, ele se torna muito arraigado às suas opiniões pessoais para experimentar verdadeiramente tudo o que está acontecendo no "Agora". Ele bloqueia o que não quer ver e limita o alcance de sua visão somente para as percepções de si mesmo e do mundo exterior, que se ajustam à estrutura de suas atitudes preconcebidas. Essas atitudes — poderosamente formadas no passado — são exatamente aquilo que mantém um indivíuo em antigos hábitos Cármicos, que ele deveria ter superado há muito tempo. Quando ele abre sua consciência para uma percepção mais ampla de si mesmo, sua vida começa a ser preenchida com um espanto constante. Todos os dias ele se admira com a sensação de novidade que lhe dá aquilo que precisa para permanecer enraizado no presente.

Talvez um dos mais belos aspectos de Urano sejam os caminhos nos quais o homem pode usá-lo para desprender-se de reações e situações emocionais que não permitem que veja claramente a si mesmo. Urano é um planeta de lucidez. Ele nos fala que existem algumas coisas no mundo que podemos mudar e outras sobre as quais, realisticamente, não exercemos poder. Assim, estamos falando a respeito da aceitação de mudanças. As inesperadas mudanças dos acontecimentos de todos os dias são exatamente as coisas que emprestam uma fascinação peculiar ao "Agora". Elas libertam um indivíduo das algemas da escravidão do passado. Elas iluminam os padrões de pensamento, permitindo diferentes pontos de vista, novas percepções e mudanças de atitudes para libertar qualquer Carma que um indivíduo tenha cristalizado em seu passado.

Existem muitas realidades diferentes, todas permanecendo no mesmo universo ao mesmo tempo. O alcance da consciência que um indivíduo tem de seu Urano e se faz uso dele corretamente é que lhe permite ou impede de experimentar as diferentes esferas de realidade que existem.

Muitos indivíduos experimentam num nível ou noutro uma grande porção de Carma religioso ou espiritual, dependendo de como foram criados na vida atual, e sem mencionar tudo que talvez tenham experimentado antes disso. A visão de religião Uraniana se concentra em saber aquilo que existe, e rejeita aquilo que pode ser tradicional, mas, ao mesmo tempo, irreal. Através de Urano existe uma habilidade ágil de mudar de um assunto para outro, de uma atitude para outra e de uma percepção para outra. O planeta permite que uma pessoa esteja intensamente consciente de tudo que está acontecendo em sua vida sem se tornar profundamente enraizada em qualquer coisa. Assim, ele é capaz de experimentar uma inteireza dentro de si mesmo que, embora possa parecer excêntrica para os outros, lhe permite fluir com a corrente da mudança. Quanto mais conseguir isso, mais será capaz de estar em contato com um sentido mais elevado em sua vida, em vez de deliberadamente tentar se voltar para direções pessoais que bem podem estar contra as forças cósmicas. Muitos indivíduos acreditam que a palavra "Deus" é um conceito transmitido durante séculos em livros, lendas, sociedades e civilizações. Quando um indivíduo está verdadeiramente consciente de Urano, ele fica em contato com o fato de que realmente existe um "Deus vivo", fluindo através dele agora mesmo, de várias maneiras, com diferentes impulsos, idéias e critérios que lhe dão um profundo interesse em si mesmo e em seu universo.

Com efeito, Urano é o grande estimulador! Ele sacode um indivíduo da calmaria de sua existência mundana e lhe mostra uma realidade mais elevada. Quando ele começa a vibrar com sua realidade mais elevada, seus padrões Cármicos começam a mudar. Muito Carma pode ser extinguido quando um indivíduo é capaz de perceber, através das energias de Urano, a importância de seu "eu" impessoal. Quase todo o Carma está num nível pessoal. Os efeitos do ódio, da cobiça, da raiva, da vingança e outras emoções e atividades negativas que ferem a humanidade hoje existem apenas no nível pessoal. Assim, quando um indivíduo é capaz de ver a si mesmo e à situação de sua vida de maneira mais impessoal, muitas dessas características negativas, que Carmicamente o atormentam, desaparecem quase milagrosamente. Pelo contrário, o homem se torna consciente de que é parte de uma humanidade maior e que sua atuação vai além de suas necessidades pessoais. Suas obrigações não são apenas para consigo mesmo, mas para com a raça e a civilização que sua alma escolheu para fazer parte. O mundo de desejo, que cria muito Carma negativo, torna-se subserviente da clara compreensão que Urano tem da maneira como as coisas realmente são.

A natureza excêntrica desse planeta, que leva um indivíduo a constantemente mudar de direção, é uma parte muito importante da experiência do "Agora". Ela permite que sintamos os quatro ventos, os trezentos e sessenta graus do círculo, a totalidade de espontaneidade que existe no momento do "Agora". Não há dúvida de que a lição Cármica de Urano é desprendimento! Nós devemos ficar envolvidos, mas não pessoalmente envolvidos. Quando a vontade pessoal cede lugar a uma vontade mais consciente, impessoal, então o indivíduo começa a experimentar o esclarecimento. Ele pode ver as implicações de sua vida, mas elas não tem sobre ele o controle que teriam se estivesse tentando pessoalmente resolver seus problemas pela vontade de seu "eu" inferior. Quando uma pessoa é capaz de fazer isso, começa a receber lampejos isolados de como o universo está funcionando. E, em alguns casos, ela até recebe instruções de planos superiores sobre quais são os melhores caminhos para fazer uso de tudo que lhe é revelado.

Urano é o planeta da Astrologia, e, parafraseando Dane Rudhyar, o coeficiente de inexatidão da Astrologia é equivalente ao coeficiente de livre-arbítrio do homem. Assim, o homem pode usar seu livre-arbítrio para reivindicar seus desejos pessoais ou pode aceitar impessoalmente aquilo que deve experimentar "Agora". Essa aceitação é muito importante no que diz respeito à evolução da raça humana, pois quanto mais a humanidade puder se livrar da cobiça pessoal, mais esse planeta manifestará suas energias de amor impessoal sobre a terra. A pergunta que cada indivíduo deve fazer a si mesmo é: "O que estou fazendo neste momento para elevar minha consciência?" Quando um indivíduo fica em contato permanente com a maneira de usar sua energia Uraniana, então sua vida, sua consciência, sua percepção de seu "eu" impessoal e sua importância para o mundo lhe serão fatalmente reveladas. Quando aprende a esperar o inesperado, torna-se fácil para ele viver em sua experiência do "Agora". Isso acontece porque, em vez de programar a si mesmo para o que possa ser o seu conceito de esclarecimento, ele é capaz de se abrir e deixar que este lhe seja mostrado por caminhos que freqüentemente estão além de suas maiores expectativas.

Urano é o *cloudbreaker*; * ele destrói o obscuro nevoeiro que impede uma pessoa de conhecer a si mesma. Ele indiscutivelmente é o destruidor de ilusões. No momento em que um indivíduo puder ver através de suas próprias ilusões, estará dando um passo muito real para alcançar o centro de si mesmo no "Agora".

O melhor caminho para acabar com ilusões e velhos padrões de hábitos cármicos é fluir com tudo que está mudando na presente vida atual. A maioria dos indivíduos é tão relutante em mudar que, mesmo que mudanças positivas lhe sejam apresentadas, eles sempre continuam tentando voltar para os antigos caminhos. Eles fazem isso não tanto por abnegação, mas pelo fato de estarem acostumados a um certo conforto com os antigos caminhos. E, surpreendentemente, isso acontece mesmo que os antigos caminhos signifiquem sofrimento e os novos, libertação.

Urano pode tornar uma pessoa livre do passado, trazendo-lhe nova vitalidade, prazer e uma abundância de experiências versáteis no presente.

Isso destrói relacionamentos de dependência, bem como pensamentos de dependência que um indivíduo guarda em sua mente. Assim, como o precursor da Era de Aquário, devemos ter em mente as energias desse planeta se quisermos ser uma raça de indivíduos esclarecidos, com a liberdade de pensamento como um dos nossos valores morais mais elevados.

NETUNO E O "AGORA"

Netuno é o planeta dos sonhos, e nós, nesse planeta, somos feitos de sonhos. Quando o homem nasce, ele entra no que chamamos de "Sono Místico". Durante seu sono, ele sonha. Dia a dia e momento a momento ele vive num sonho após outro, acreditando totalmente que cada um deles é real na época em que acredita nele. Então, sua vida é uma grande ilusão, e esse também é o caso com relação a muito do que percebe ao seu redor.

Todo indivíduo gosta de acreditar que é importante. Ele se esforça muito para provar isso ao seu ego. Contudo, não importa o que realize ou alcance; existe uma quantidade não cumprida

---

* Mantivemos o termo no original inglês por não haver em português palavra que defina exatamente o sentido do termo. *Cloudbreaker*: que torna sereno e sem nuvens. (N.T.)

dentro dele devido ao estado de sonho em que vive. Um dos maiores poderes de Netuno é dissolver lentamente o ego, para que o homem possa finalmente ver através de suas ilusões e se harmonizar com o todo cósmico do qual ele é parte. Desde que o homem permaneça em seu ego e viva de modo separado de tudo aquilo de que verdadeiramente faz parte, ele deve viver numa condição Cármica. Quando um indivíduo permite que a energia de Netuno lentamente dissolva seu ego, ele é capaz de se harmonizar numa unidade mais universal consigo mesmo e com o mundo ao seu redor; ele começa a perceber que não é dominado por seu corpo e que o lado exterior da vida guarda tremendas ilusões que podem constantemente desviá-lo do propósito divino. Ele aprende o valor de não pensar, em vez de acreditar que precisa pensar em tudo o tempo todo. Pelo contrário, aprende a fluir com a corrente de sua vida em vez de tentar constantemente ir contra a corrente na qual está nadando.

Através de Netuno o homem é capaz de desenvolver um desligamento das coisas. Quanto mais fizer isso, melhor será capaz de dissolver resíduos Cármicos passados que ainda permanecem em sua vida. Entretanto, é aqui que o intelecto muito desenvolvido do homem freqüentemente lhe passa a perna. Ele precisa compreender que os pensamentos também são coisas. Antes que possa experimentar um senso de ser mais livre e mais leve, precisa aprender a se desligar de seus pensamentos. Aqui, seu ego passa por um grande esforço. Ele precisa admitir para si mesmo que todos os seus pensamentos são verdadeiramente sem sentido. Isso é extremamente difícil, porque o homem gosta de defender princípios, idéias, atitudes e opiniões que lhe dão uma sensação de auto-importância. Ao mesmo tempo, esses princípios, idéias, atitudes e opiniões não somente fazem com que o Carma passado se apegue mais firmemente como também criam mais Carma para o presente e o futuro. O "Agora" é um fluxo sempre mudando. Um indivíduo pode ser parte desse fluxo apenas tanto quanto se permitir ser. Ele deve tentar não possuir seus pensamentos, mas, sim, permitir que o pensamento flua através dele nos diferentes caminhos que mudam de momento a momento e dia a dia. Se ele assim fizer, então, a qualquer momento, estará totalmente em contato com o "Agora". E, tão logo fique em bom contato com a presença da energia netuniana, há um fluxo muito criativo que começa a penetrar na existência do indivíduo. Ele começa a ver o significado da não-estrutura. Ele começa a compreender o valor do sem valor. Ele vê que tudo é nada e que nada é tudo. Verdadeiramente toda sua perspectiva de vida muda quando suas percepções não são mais desviadas pela forma das coisas. Pelo contrário, ele é capaz de procurar a essência pura. Como resultado, começa a ficar em harmonia com sua natureza impessoal. Quando isso acontece, muito Carma é libertado, pois muitos dos sofrimentos pelos quais os indivíduos passam, e que são resultado de ações passadas, vêm da percepção que têm de si mesmos. Quando isso é substituído por uma perspectiva de vida mais impessoal, os efeitos dispersantes de Netuno não deixam nada para o Carma negativo se prender. Pelo contrário, o indivíduo começa a atuar a partir de sua essência e não de seu ego.

Uma grande mudança se opera no estilo de vida quando percebemos isso. Exteriormente, parece haver um período de "não se importar", que freqüentemente é confundido pelos outros tanto com escapismo como com uma falta de atenção pessoal para com as pessoas amadas e as coisas que parecem importantes na vida diária. Interiormente, entretanto, não é isso que está acontecendo. O indivíduo está entrando em contato com a natureza divina das coisas e o que percebe é que "Agora" é para sempre. Aqui é qualquer lugar. O conceito de amor, em vez de ser pessoal, começa a tomar um sentido mais cósmico.

O "Agora" de Netuno é tão informe quanto a própria criação. É a crença na força fluente invisível, intocável e intangível, que é a inspiração divina de tudo que finalmente toma forma. Como a mais elevada oitava de Vênus, Netuno é uma forma muito especial de música. É o planeta da harmonia através da qual um indivíduo é capaz de ouvir sua própria canção interior que o torna parte do universo em que vive. Seu "Agora" não consiste nos esforços de um ego único, isolado, mas, sim, de uma mistura suave de suas identidades variáveis e sua unidade eterna com tudo o que está ao seu redor.

Netuno é o planeta do esquecimento. Freqüentemente isso é visto como uma qualidade extremamente negativa da energia do planeta. Mas se quisermos permanecer no "Agora", a habilidade de esquecer o passado torna-se uma qualidade extremamente desejável. Em vez de lutar com sombras, ilusões e fantasmas em nossa mente, Netuno pode ser usado para dissolver tudo que impede uma pessoa de mergulhar totalmente no "Agora". A maioria das pessoas têm muito medo de perderem a si mesmas. Elas se agarram a noções e idéias preconcebidas anos depois da utilidade de tais noções e idéias não existirem mais. Elas constroem modelos em suas mentes de como o mundo deveria ser e como os outros em suas vidas deveriam tratá-las. Como conseqüência, estão constantemente tentando encaixar o mundo e os outros indivíduos nesse modelo que construíram numa época anterior por razões que provavelmente não conseguem se lembrar agora. É muito mais fácil fluir com as coisas do jeito que elas são em vez de tentar fazer o mundo encaixar em nossa concepção a seu respeito.

Quando um indivíduo começa a entrar em contato com as energias Netunianas, ele é capaz de perceber quanto de sua vida é construído em sua imaginação. As pessoas se apresentam tanto como ameaças ou como promessas para a boa qualidade de sua existência somente como ele as imagina. Sua relativa condição de riqueza e felicidade é também o produto de sua imaginação. Seus desejos por estima, reconhecimento, importância e até mesmo seu impulso sexual são todos o resultado dessa mesma imaginação. Seus humores e atitudes, de momento a momento, são todos baseados no modo como vê as coisas. Num dia nublado, um indivíduo se sentirá deprimido porque está sendo privado do brilho do sol que espera ansiosamente. Ao mesmo tempo, outro indivíduo verá as nuvens, mas sabe que o sol ainda está brilhando logo atrás delas e, por conseqüência, não sentirá os mesmos humores do primeiro indivíduo. Através da vida, é a impressão que o homem tem das coisas que governa suas ações e reações. Assim, seu Carma não pode seguir sem ser afetado por seu ponto de vista. Ele leva as coisas seriamente ou superficialmente, e isso depende não tanto de seu horóscopo individual quanto da verdadeira percepção que tem de si mesmo, do universo em que vive e da relação entre ambos.

O dia tem vinte e quatro horas, mas o "Agora" de Netuno diz que não existem dias — somente um fluxo eterno de tempo através do qual o homem cria tudo que imagina ser possível. Palavras materiais ficam no caminho de sua realidade e quebram a continuidade de seu fluxo. Por essa razão, uma compreensão de Netuno pode levar um indivíduo a uma grande paz e harmonia consigo e com os outros. A natureza agressiva da humanidade, que por centenas de anos criou tanto inferno nesta terra, é levada pela música intangível que é a canção de Netuno.

Anteriormente, quando comentava o respeito de Saturno, mencionei o fato de que é extremamente importante para um indivíduo ter metas a fim de permanecer no "Agora". A vibração de Netuno parece contradizer isso, mas não é o que acontece. A mistura adequada dos dois significa ter metas e trabalhar em sua direção, sem ficar ligado ao seu futuro resultado ou aos esforços passados que fizemos em seu benefício. Saturno dá forma à inspiração de Netuno, e Netuno continuamente incita Saturno a construir mais estrutura. Do não percebido surge o que se vê. Do mundo da visão vêm todas as grandes inspirações que se estruturam no mundo da forma. Assim, Netuno e Saturno trabalham juntos em vez de se contradizerem. Sem as qualidades visionárias de Netuno, a realidade universal de todo dia, mundana, de Saturno teria pouco sentido; com ela existe razão, propósito e inspiração que tornam excitante o "Agora"!

PLUTÃO E O "AGORA"

Como o planeta dos términos, Plutão tem um importante papel na experiência do "Agora". Ao usar Plutão corretamente, um indivíduo é capaz de pôr fim a pensamentos remanescentes do passado ao se desligar de qualquer importância que anteriormente lhes atribuiu.

Ao mesmo tempo, Plutão tem muito a ver com a natureza inconsciente do homem. Ele traz à tona todos os pensamentos e sentimentos escondidos que devem ser eliminados a fim de dar lugar a novos. Quando um indivíduo não usa seu Plutão, ele tende a se agarrar a muitos padrões de hábitos e de pensamentos que mantêm sua vida nos círculos autodestrutivos que ele instintivamente odeia.

Do mesmo modo que um indivíduo joga fora seu lixo todos os dias, existem pensamentos dos quais também temos que nos desfazer. Se não nos desfizermos deles, então eles giram para sempre no inconsciente, surgindo de tempos em tempos no nível consciente e influenciando padrões de pensamentos contra a vontade consciente.

Plutão é o planeta de decisões. Nós tendemos a sofrer por muitos anos até que sejamos capazes de tomar decisões definitivas a respeito das coisas. Reunimos mais e mais informações para nos ajudar a tomar essas decisões, mas, se falharmos, apenas nos sobrecarregamos cada vez mais com todo o material informativo que reunimos. Uma vez que possamos tomar decisões finais sobre as coisas, toda a informação que juntamos para nos ajudar a tomá-las milagrosamente desaparece. Pelo contrário, estamos livres para termos novas experiências com atitudes diferentes.

O "Agora" existe em muitos níveis. Plutão é um planeta de grande profundidade e sabedoria. Sem usá-lo, um indivíduo vê apenas a superfície das coisas. Ele perde a corrente submarina que está nas raízes de toda criatividade. Uma grande quantidade dessa corrente existe a nível sexual, com o qual o homem precisa aprender a entrar em contato a fim de compreender de onde se originam as raízes de sua árvore.*

A satisfação do impulso sexual inconsciente é um dos fatores de motivação mais forte no "Agora". Ele procura expressão quase que o tempo todo, mas, por motivos de sociedade, religião, aceitação social e educação, a maior parte das pessoas tende a andar à sua volta em vez de enfrentar suas necessidades sexuais muito verdadeiras. Elas vivem frustradas e, na realidade, nunca sabem por quê.

---

* Veja *A Astrologia da Sexualidade*, de Martin Schulman, publ. Samuel Weiser, Inc., 1978, N.Y.

Como o regente da consciência de massa, torna-se muito óbvio que não importa se as pessoas são diferentes uma das outras, a única coisa que têm em comum é sua "natureza inferior". Para que um indivíduo seja feliz no "Agora", ele deve confrontar sua natureza inferior, aceitá-la, perceber que ele não é "perfeito" e, então, aprender a viver consigo mesmo e com seus desejos "básicos" (que, incidentalmente, ele vê mais depressa nos outros do que em si mesmo).

O "Agora" está constantemente se transformando a cada dia. Por todo o mundo existem mudanças sociais muito amplas. As pessoas estão se movimentando de um lugar para outro, mudando seus empregos, casando-se e divorciando-se. Aceitar o fato de que o mundo consiste de grandes mudanças sociais torna fácil para um indivíduo ser parte da experiência do "Agora". Se uma pessoa continua tentando se relacionar consigo mesma e com os outros da mesma maneira que sempre fez, ela verdadeiramente perde o senso de presença que o "Agora" oferece. Existe uma expressão que diz: "As regras são feitas para serem violadas." Essa é uma verdade, pois se elas não fossem violadas não haveria absolutamente nenhuma maneira de se criar novas e melhores regras. Isso é responsável pelo desejo natural do homem de destruir, de várias maneiras, as regras que a sociedade lhe impõe. Ele constantemente questiona sua validade, comparando-as com as idéias que tem e que acha que poderiam ser melhores. Assim, existe uma boa razão para que cada indivíduo entre em contato com seus instintos destrutivos. A partir desses instintos destrutivos vêm os blocos que construirão uma criação futura. Se uma pessoa nega sua natureza destrutiva, ela não entra totalmente em contato com sua visão global das coisas no mundo ao seu redor.

Existe uma qualidade dinâmica em Plutão que representa a força que um indivíduo tem em suas convicções. Quando uma pessoa acredita na verdade, ela literalmente está disposta a passar pelo "inferno" para defender e lutar por suas crenças. Esse é o uso adequado de Plutão. Ele fortalece as atitudes, crenças e idéias, fazendo com que o indivíduo deseje arrasar com tudo que contradiz o que ele sabe.

Muitos de nós têm a tendência de voltar para coisas sobre as quais há muito tempo já tomamos decisões. Plutão encerra capítulos em nossa vida que não devem ser abertos nunca mais. No dia em que um indivíduo recebe seu diploma, ele tem esse tipo de sentimento que vem de Plutão. Ele não pode voltar atrás, pois já está feito. Pelo contrário, ele deve se mover em direção a alguma coisa nova, que freqüentemente ainda não tomou forma em sua mente. Assim, Plutão tem essa espécie de qualidade desconhecida, que tende a fazer com que as pessoas se sintam um pouco temerosas de começarem novos padrões. Contudo, elas devem fazê-lo. E o interessante é que invariavelmente o fazem, tão logo percebem que o passado tem pouco peso no que diz respeito a se alcançar a satisfação no "Agora".

Plutão é também um planeta de grande abundância. Bem dentro de nós estão talentos ocultos, habilidades e planos para o futuro que tornam o "Agora" uma experiência constantemente regenerativa se procurarmos por elas. A qualidade solitária de Plutão somente existe para que uma pessoa possa entrar em contato com seu verdadeiro "eu" interior, em vez de tentar encontrar a si mesma nos espelhos de todas as pessoas com quem mantém contato.

Com firmeza e força, Plutão afasta o que não é mais útil, fazendo com que o "Agora" aconteça. Em diferentes fases de nossas vidas nos encontramos sendo expulsos de um refúgio para outro, para que possamos aprender novas coisas em vez de nos escondermos nas antigas. Essas são experiências Plutonianas e deveríamos ser gratas por elas, pois nos ajudam a evoluir.

Quando um indivíduo perde um emprego, sente que ficou sem apoio (financeiramente). Quando um casamento acaba, a pessoa sente-se afastada de sua segurança emocional e de seus sonhos. Quando uma pessoa se muda, sente-se roubada de tudo que lhe era familiar. Quando uma amizade acaba, um indivíduo sente que lhe tiraram outro indivíduo que o aceitava e às suas idéias. Em todos esses casos, e em muitos outros, a força constantemente erosiva de Plutão seca cada leito de rio para forçar o indivíduo a procurar o lago de águas claras seguinte para se banhar.

Como resultado, Plutão é o principal motivador da raça humana. Ele cria através da destruição, como a demolição de um velho edifício para que um novo possa ser construído no mesmo lugar. Ele simboliza o progresso e uma profunda sensação de movimento no "Agora".

Ele retira das profundezas da terra todas as revoluções que regeneram a humanidade numa raça melhor. A Bíblia diz: "Não deves matar", mas essa é uma tradução incorreta. O que ela realmente diz é: "Não deves assassinar." Existe uma grande diferença entre elas. Assassinar é intenção proposital de destruir o outro por razões pessoais. Matar pode ser necessário às vezes, a fim de preservar a vida. Vemos isso nas guerras, mas mesmo em pequenas coisas; freqüentemente cortamos os galhos de uma planta para que o resto possa sobreviver. Se encontramos baratas em nossa casa, nós as matamos (talvez com um pouco de pena por termos de fazê-lo) para que elas não envenenem nossa comida. Assim, Plutão deve ser colocado em sua perspectiva correta. Precisamos matar velhos pensamentos que são destrutivos para o nosso prazer do "Agora". E tão triste quanto possa ser às vezes, é o único modo de podermos sobreviver em nossa verdadeira experiência do "Agora".

Plutão simboliza o fim do Carma. Toda vez que encerramos uma fase de nossa vida, não temos mais Carma com aquele aspecto de nosso ser. Nossa consciência interior muda. Então, estamos prontos para começar um Carma com outra fase que ainda não experimentamos.

Como resultado, longe de ser maléfico e ameaçador como tem sido descrito, Plutão simboliza realização. Pode ser a realização de um sonho, a obtenção do sucesso, atingir uma meta etc. O problema que a maioria das pessoas enfrenta é que uma vez alcançadas essas coisas, temos que encontrar novas percepções do sucesso, estabelecer novas metas e sonhar novos sonhos. E, curiosamente, sempre o fazemos! E a razão é que o "Agora" está sempre acontecendo. Ele pode nem sempre ter a aparência que pensávamos, porque esta sempre muda. Contudo, existe sempre alguma coisa nova para substituir uma antiga.

Para aceitar isso, o indivíduo deve desejar ver a si mesmo como um novo ser. As experiências automaticamente criam mudanças em nossa estrutura. A maioria das pessoas tenta se agarrar às suas velhas identidades mesmo quando estão atingindo novas, que se encaixam melhor no meio ambiente de suas atuais experiências do "Agora". Uma vez que se perceba que a identidade é o resultado do que fazemos e das pessoas com quem nos relacionamos, as mudanças Plutonianas podem ser enfrentadas com calma e sem hesitação, e apreciadas por todas as maravilhas surpreendentes que trazem!

ALEGORIA

Houve uma vez um homem que chegou ao meio de sua vida. Ele decidiu que era hora de refletir sobre o seu valor e avaliar sua direção. Assim, deixando seus amigos, sua família e a maior parte de suas posses para trás, foi para os bosques onde poderia pensar sem ser perturbado.

Quando entrou no bosque, ele não sabia se estava fazendo a coisa certa, mas sabia que tinha que fazê-lo. A princípio, a beleza do novo ambiente o encheu de admiração e espanto. Logo aprendeu a ouvir os sons da natureza e, enquanto as semanas se transformavam em meses, vagarosamente ele se viu mudando. De vez em quando sentia falta das pessoas que deixara, mas a grande beleza de seu novo ambiente o atraía mais para o mistério que procurava, e ele não podia voltar atrás.

Ele aprendeu a tempo a ouvir seus próprios pensamentos. Podia ver sua mente nas árvores e sentir suas emoções nos arbustos. O perfeito equilíbrio da natureza que o cercava estava começando a se tornar ele mesmo. A luta que habitualmente travava dentro de si mesmo vagarosamente começava a desaparecer. A princípio ficou assustado, pois, embora não tivesse percebido, a agitação à qual sua mente estava acostumada tinha lhe feito companhia. Agora ela não existia mais e havia somente a grande tranqüilidade da natureza.

Mais tempo se passou e ele começou a perceber que não podia mais classificar as pessoas a respeito de quem ele costumava ter opiniões. Começou a ver a falta de importância de classificar todas as pequenas coisas que costumavam affligi-lo. Agora ele tinha um problema diferente. Com uma mente lúcida, sem preocupações cansativas que sempre atormentaram seu espírito, o que deveria fazer? No passado, as vozes dos outros, com suas fortes opiniões, de algum modo o guiaram. Os efeitos das vidas de outras pessoas violaram

95

tanto a sua própria vida que ele nunca realmente teve que se preocupar com a direção que ela deveria ter.

Após dois anos nos bosques, ele começou a imaginar se o mundo lá fora tinha mudado tanto. Ele pensou nas pessoas que tinha conhecido, imaginou como estariam agora. Então, descobriu uma coisa surpreendente a respeito da mudança que tinha se passado dentro dele. Tudo que tinha a fazer era pensar numa pessoa e, de algum modo, através de um curioso milagre, ele instantaneamente sabia como a pessoa estava agora. A princípio ele achou difícil de acreditar, mas, depois de um tempo, descobriu o que os bosques lhe tinham feito. Ele podia tocar uma folha e saber quando ia chover; de algum modo podia sentir a presença até mesmo do menor dos animais a centenas de metros de distância. E ele sempre estava certo. Alguma coisa o colocou em sintonia com a perfeita harmonia da natureza. O mais ligeiro abalo no equilíbrio ecológico, ao qual ele se acostumou, instantaneamente atrairia a sua atenção.

Pela primeira vez em sua vida percebeu que era parte da criação de Deus. Ele tinha lido a esse respeito em livros. Secretamente tinha sonhado com isso, mas era diferente. Ele estava realmente participando.

Ele se sentou e encostou-se no tronco de uma enorme sequóia para refletir. De algum modo, por caminhos que não compreendia, ele tinha obrigado a si mesmo a passar por anos de tortura emocional. Então, testou sua habilidade e sua vontade de sobreviver entre os elementos naturais que não lhe eram familiares. E, para seu espanto, lá estava ele, intacto, apesar de tudo. Passaria o resto de sua vida na floresta ou iria, antes que fosse tarde demais, encontrar pessoas, como fizera no passado? A pergunta desconcertou-o, pois sabia que nunca deveria contar a ninguém a respeito do que tinha descoberto. Sob certos aspectos ele temia que a força dos desejos das outras pessoas o levassem de volta a tudo o que tinha abandonado. Contudo, depois de dois anos nos bosques, ele estava se sentindo solitário. Não era o mesmo tipo de solidão que conhecera antes de sua viagem. Ele desejava os sons da natureza nas pessoas. Os longos meses que passou sozinho o tornaram calado. Ele gostaria de partilhar o que descobriu, mas também sabia que deveria preservá-lo para si mesmo.

Ele se lembrou como antes parecia ser tão importante tentar reformar o mundo ou talvez redimi-lo de alguma destruição iminente, imprecisa. Agora, não tinha mais o mesmo sentimento. Tinha descoberto sua identidade entre as árvores e as flores. Ele havia testemunhado como todas as coisas na natureza se completam na estação certa. Agora ele também se sentia completo com a alegria abundante da natureza. Durante meses ele comparou tudo que sentia nos bosques com o que sabia que iria sentir das pessoas.

Aqui nos bosques ele observou cada momento se renovar através da vividez do "Agora" sempre presente. Independente do tempo ou dos dias, havia uma grande paz interior. Ele colheu uma pequenina flor e olhou-a com atenção. De algum modo, sabia que a flor seria capaz de lhe responder. Sem palavras, a flor encheu-o de alegria; e ele percebeu que ela o fazia sem perder sua beleza própria. Mas ele havia colhido a flor e sabia que ela não cresceria mais. Isso o entristeceu. Se apenas ele fosse capaz de ter sua resposta ao olhar para a flor sem tirá-la de seu hábitat natural... e então ele ficou iluminado.

Se deixasse a floresta para iluminar os outros, estaria afastando a si mesmo de sua fonte natural. Por quanto tempo suportaria? Como a flor, ele floresceria apenas durante algum tempo e então murcharia. Ele decidiu que seria mais sábio permanecer dentro de sua fonte. O "Agora", no final das contas, não era alguma coisa de que se gabar ou mesmo para se levar aos outros, mas, sim, para se experimentar pessoalmente. Ele sorriu enquanto pensava: "Deixe aqueles que desejam conhecer a ventura virem para a floresta por eles mesmos, onde bem dentro dos recessos de suas mentes e corações sentirão o vento, provarão a chuva, e deixe que a gentil sabedoria da lei natural guie sua viagem."

CONCLUSÃO

As leis do Carma são extremamente simples e muito profundas ao mesmo tempo. Pensamentos, palavras e ações criam e também resolvem o Carma.

Talvez a única razão maior para muitas condições Cármicas se originem das opiniões e atitudes que um indivíduo tem. Assim, um dos caminhos mais fáceis para resolver o Carma é aprender a nos libertarmos de atitudes e opiniões fixas que podem ou não ser verdade. Nós sempre achamos que a vida é um processo de aprender e desaprender. Toda vez que aprendemos alguma coisa nova estamos ou fortalecendo ou abandonando alguma coisa antiga. Quando temos realizações importantes, freqüentemente descobrimos que as atitudes e opiniões que mantivemos por muitos anos não são mais verdadeiras para nós.

No volume I desta série (*Os Nódulos Lunares e Reencarnação*), o Carma é visto no sentido de dualidade de experiência. Em nossa essência básica a verdade é conhecida, mas, através da interação com nosso meio ambiente e das barganhas que fizemos com os outros a fim de sobrevivermos, de algum modo a verdade freqüentemente se perde. A conveniência substitui o sentido e o propósito. Assim, a reavaliação de todos nós é e não é o primeiro passo para compreendermos a direção de nosso Carma. No primeiro livro, mostrou-se ao indivíduo quão perto ou quão longe ele está de seus ideais e o que precisa fazer com sua vida a fim de alcançá-los.

O volume II (*Retrógrados e Reencarnação*) encerra um segredo místico que propositadamente não foi mencionado. A manifestação mais importante dos Planetas Retrógrados acontece através de níveis inconscientes. Quando uma pessoa fica mais em contato com a vibração Retrógrada, começa a sentir o que significa o seu "eu" interior. O mundo exterior, com todas as suas tentações magnéticas (que freqüentemente nos afastam de nós mesmos), torna-se menos importante. Nesse sentido, o objetivo da Astrologia, que é ajudar um indivíduo a crescer através da compreensão, pode ser preenchido.

Um dos problemas que a maioria dos indivíduos experimentam ao tentar mudar suas vidas é que procuram conscientemente mudar o que é inconsciente. Naturalmente, isso é impossível. O inconsciente só pode ser mudado através de seus próprios meios. A mente consciente pode passar por centenas de afirmações, preces, resoluções e tentativas sutis para mudar nosso ser, mas essa mudança só é realmente possível quando a mente consciente faz contato com a mente inconsciente.

O volume I mostra à mente consciente quais as mudanças desejáveis. O volume II abre canais inconscientes para receber a informação do volume I. Nesse ponto, é importante perceber que para a maioria das pessoas o processo de entrar em contato com a mente inconsciente é muito assustador. De qualquer modo que a mente consciente veja o "eu" e o seu lugar no mundo, a mente inconsciente tende a exagerar essa visão. O que parece bom para o consciente parece ser puro nirvana para o inconsciente. O que parece desagradável para o consciente freqüentemente aparece como um verdadeiro pesadelo para o inconsciente. Isso acontece porque a mente consciente é dominada pelo superego, que coloca limites no que está desejando experimentar. O inconsciente precisa de anos de treinamento antes de aceitar tais limitações. Geralmente a mente inconsciente é um fluxo que conhece — se é que conhece — poucos limites.

Por essa razão, a maioria das pessoas, quando são capazes de ver pela primeira vez suas mentes inconscientes, sentem-se como se estivessem ficando "loucas". Elas vêem e experimentam coisas que sabem que ninguém jamais aceitaria. Precisamos lidar com correntes de palavras fragmentadas, associações alfabéticas, classificações absolutas, imagens distorcidas, sons, cores, vozes e, principalmente, o que parece ser uma aglomeração de absurdos fragmentados. Se aprendermos a observar essas coisas em vez de reagir ou nos identificarmos com elas, as respostas a perguntas feitas durante muito tempo vagarosamente começam a surgir. Talvez a coisa mais importante para lembrar ao lidarmos com a mente inconsciente é que os métodos usados pela mente consciente não funcionam.

A mente consciente gosta de especular e adivinhar. A mente inconsciente não aceita esses métodos falsos de pensamento. Assim, precisamos ensinar a mente consciente a não especular ou adivinhar ou tirar conclusões prematuras daquilo que a mente inconsciente está mostrando. A mente inconsciente com muita freqüência se mostra quando está certa da aceitação consciente.

100

Quando a mente consciente aceita a inconsciente, então começam grandes transformações. Um processo de reprogramação pode ser conscientemente iniciado. Desde que o inconsciente se sinta seguro, ele cooperará. É importante perceber que o processo de transformação do inconsciente é tediosamente lento. Freqüentemente leva muitos anos e não devemos esperar grandes resultados da noite para o dia. As recompensas, entretanto, excedem em muito o esforço.

Durante o processo de transformação é natural que nos sintamos privados de tudo que os outros estão experimentando no mundo exterior. O volume III da série (*A Roda da Fortuna*) mostra o que uma pessoa pode esperar quando estiver pronta para sair de si mesma. Ela representa o equilíbrio entre o profundo trabalho interior que está acontecendo e a felicidade que a espera quando estiver concluído. Ela permite que um indivíduo permaneça em contato *aqui* e ao mesmo tempo volte ao inconsciente.

Durante o processo de transformação, é importante compreender a Parte da Consciência Impessoal (mencionada no volume III). Ela nos ajuda a diferenciar, em níveis inconscientes, todas as coisas no mundo que são pessoais das que não o são. Quanto mais um indivíduo for capaz de fazer essas diferenciações, maior será seu progresso evolutivo. Não podemos servir a dois senhores. Muitas pessoas se envolvem em coisas que não lhes dizem respeito e, como resultado, têm pouca energia ou habilidade para concentrar sua atenção nas que lhes interessam.

Quando um indivíduo começa a integrar os reinos interiores com o mundo exterior, começa a ver mais e mais a importância da discriminação. E, quanto melhor puder discriminar, mais felicidade sentirá em sua vida pessoal. Após meses ou anos de prática, vagarosamente começamos a atingir o esclarecimento. A princípio, ele vem em momentos isolados, mas, finalmente, os momentos se tornam mais demorados até que depois de anos de esforços eles se unem uns aos outros.

Quando isso acontece, um novo nível de consciência é atingido. Os problemas do Carma elementar começam a desaparecer gradualmente no passado, que na realidade não existe mais. A princípio, tendemos a sentir uma grande solidão, pois os companheiros mentais do "eu" eram sempre problemas Cármicos. Nesse novo nível, a mente começa a limpar os resíduos que estava carregando por anos e, talvez, durante vidas. A maior dificuldade com a qual um indivíduo se defronta nesse ponto é verdadeiramente descobrir o que fazer consigo mesmo. Ele não pode mais ser motivado por culpa, medo, sentimentos de inadequação, dinheiro, atitudes e opiniões dos outros e vozes inconscientes em suas lembranças. Muitos, nesse ponto (chamado de "O Agora"), parecem perplexos. Eles sentem uma grande paz interior quando a corrida de suas mentes começa a se acalmar. Entretanto, como sempre acontece com o crescimento, existe um grande desejo de voltar atrás, escondendo-se nas sombras do que era suficientemente desconfortável para impeli-los a procurar novos níveis, mas, ainda assim, vagamente familiar.

Embora esse livro seja uma tentativa de explicar como viver no "Agora", o leitor deve compreender que somente através da experiência podemos atingir esse conhecimento. Não existe sofrimento no "Agora" porque ele é um atestado de harmonia com a natureza. Em vez de lutarmos constantemente com as forças naturais, aprendemos a fluir com elas e, em essência, nos tornamos unidos a elas: primeiro, aceitando o mundo exterior e todas as coisas que contém; e, depois, compreendendo como toda realidade pessoal é controlada através do "eu" interior. Existe Carma no "Agora", mas não o Carma de tempo que constantemente se repete em velhos padrões e hábitos. O Carma do "Agora" compreende os esforços do indivíduo para ficar centrado e equilibrado em meio a tudo que existe. É importante que embora tendamos a pensar que não podemos atingir isso, verdadeiramente podemos, através de nossa fé, nosso conhecimento e nossa compreensão de que o "Agora" é tudo que existe.

* * *

Este é o último livro da série *Astrologia Cármica*. Como as informações destes livros foram dadas como uma dádiva para mim, deixe que agora sejam suas, para que a viagem que começa com você vendo a si mesmo possa prosseguir e que você encontre a si mesmo e que a cada dia ande mais um passo para ser você mesmo. Uma vez que isso for atingido, é preciso muito menos concentração de sua atenção no "eu", e você começará verdadeiramente a cumprir seu destino cósmico ao permanecer no "Agora".

www.gruposummus.com.br